APRENDE A TRABAJAR

La sutil ciencia de avanzar sin perderse

Dra. Michelle P. King

APRENDE A TRABAJAR

La sutil ciencia de avanzar sin perderse

EDICIONES OBELISCO

Si este libro le ha interesado y desea que le mantengamos informado
de nuestras publicaciones, escríbanos indicándonos qué temas son de su interés
(Astrología, Autoayuda, Ciencias Ocultas, Artes Marciales, Naturismo,
Espiritualidad, Tradición…) y gustosamente le complaceremos.

Puede consultar nuestro catálogo en www.edicionesobelisco.com

Colección Éxito
APRENDE A TRABAJAR
Dra. Michelle P. King

1.ª edición: septiembre de 2025

Título original: *How Work Works*

Traducción: *Cristina Zuil*
Corrección: *M.ª Ángeles Olivera*
Diseño de cubierta: *Enrique Iborra*

© 2023, *Michelle P. King*
Publicado por acuerdo con Harper Business, sello editorial de HarperCollins Publishers
(Reservados todos los derechos)
© 2025, Ediciones Obelisco, S. L.
(Reservados los derechos para la presente edición)

Edita: Ediciones Obelisco, S. L.
Collita, 23-25. Pol. Ind. Molí de la Bastida
08191 Rubí - Barcelona - España
Tel. 93 309 85 253
E-mail: info@edicionesobelisco.com

ISBN: 978-84-1172-293-3
DL B 7132-2025

Impreso en España en los talleres gráficos de Romanyà/Valls S. A.
Verdaguer, 1 - 08786 Capellades (Barcelona)

Printed in Spain

Este libro es mi regalo a cualquier persona que desee sentirse entendida, escuchada y valorada por quien es. Pásalo.

PREFACIO

Las copas de los árboles bloquean la luz del sol. En el bosque nacional de Fishlake[1] en Utah, cuarenta y ocho mil álamos temblones, conocidos por su color amarillo brillante en otoño y el chillido del viento al pasar entre sus hojas, crecen uno al lado del otro como llevan haciendo siglos. El álamo temblón más antiguo[2] tiene catorce mil años. ¿Cómo sobrevive este tipo de árboles a los fríos inviernos, los largos veranos, la sequía o el ataque de insectos durante tantos años?

Al principio, los investigadores creían[3] que los árboles sobrevivían tanto tiempo porque competían con los demás por la luz del sol, el agua y los nutrientes. Pero no es cierto. En un nuevo estudio se ha demostrado que los árboles han aprendido a cooperar y depender los unos de los otros para sobrevivir. Los árboles se comunican entre sí a través de la red fúngica subterránea al enviar señales hormonales, químicas y suaves impulsos eléctricos para informar a los demás árboles de que necesitan agua, tienen problemas o sufren el ataque de una colonia de hormigas. Entonces, otros árboles modifican su comporta-

---

1. Chesterton, M., «The Oldest Living Thing on Earth», *BBC News*, 12 de junio de 2017, www.bbc.co.uk/news/science-environment-40224991
2. «Pando (Tree)», *Wikipedia*, consultado el 28 de septiembre de 2022, https://en.wikipedia.org/wiki/Pando_(tree)#:~:text=Size%20%20and%2age,-The%20clonal%20colonyytext=The%20root%20system%20%20is%20estimated,Pando%20are%20approaching%20this%20limit
3. Jabr, F., «The Social Life of Forests», *New York Times*, 2 de diciembre de 2020, www.nytimes.com/interactive/2020/12/02/magazine/tree-communication-mycorrhiza.html

miento al llevar a cabo acciones como introducir azúcares en la red para ayudar al árbol con problemas. Un bosque no es una colección de árboles, sino una comunidad. Todos los árboles pertenecen a dicha comunidad al contar con un lugar en ella.

Los árboles también pueden comunicarse por el aire. Usan las feromonas y otras señales olfativas para conectar, pedir ayuda y compartir lo que necesitan. Ésa es su manera de sobrevivir todos juntos. Permanecen con vida porque reconocen que el lugar de cada uno está al lado de los otros. Aprovechan el poder colectivo para garantizar su supervivencia leyendo los mensajes enviados por el aire.

Un ecosistema de árboles se parece mucho a un entorno de trabajo. Durante los últimos veinte años, he estudiado cómo funcionan dichos entornos, algo a lo que, desde mi punto de vista, habría que prestar gran atención. A lo largo de la vida,[4] una persona común pasa alrededor de noventa mil horas en el trabajo, el equivalente a trece años. Para ponerlo en perspectiva, un humano promedio pasa sólo un poco más de un año socializando en el transcurso de su vida. Por lo tanto, dónde y cómo trabajamos influye en gran medida en nuestra felicidad y satisfacción vital general.

Por esta razón, he dedicado toda mi carrera a estudiar la cultura corporativa y a trabajar con líderes con el fin de mejorar los entornos laborales. He colaborado con *startups*, empresas medianas, organizaciones benéficas, compañías internacionales y enormes multinacionales de todo el mundo. He trabajado en organizaciones que me hacían sentir orgullosa de formar parte de su cultura, así como en otras cuya cultura era tan tóxica que muchos departamentos desaparecían a causa de una combinación catastrófica de despidos y renuncias.

Soy experta en la cultura del entorno laboral. Me he pasado casi la misma cantidad de tiempo en estos entornos que en el mundo académico. He terminado dos grados, un máster en Psicología Organizacional, un MBA y un doctorado en Gestión y Desarrollo Empresarial.

---

4. Campbell, L., «We've Broken Down Your Entire Life into Years Spent Doing Tasks», *Huffington Post*, actualizado el 19 de octubre de 2017, www.huffingtonpost.co.uk/entry/weve-broken-down-your-entire-life-into-years-spent-doing-tasks _n_61087617e4b0999d2084fec5.

Según mi experiencia, sé con certeza que, en algún momento, la mayoría hemos perdido nuestra fe en el trabajo. Hemos sentido el dolor de ver cómo nos excluían de redes informales, el estrés de intentar mantenernos al día con el cambio o el desgaste tras dedicarle incontables horas a conseguir el siguiente ascenso antes de que nos pasara por alto o sintiéramos la desilusión de enfrentarnos a culturas corporativas despiadadas. Nos cansa aceptar el mito de que el progreso individual debe producirse en detrimento de nosotros mismos y las personas con las que trabajamos.

«Quiero que mi entorno laboral cambie, pero no puedo hacer nada para conseguirlo», me comentó una vez un mánager con total sinceridad. Sin embargo, las personas que lo conforman son el entorno de trabajo. Decir que no podemos hacer nada es como asumir que los álamos han permanecido con vida durante tanto tiempo al competir unos con otros. Igual que un árbol es parte de un bosque, nuestro entorno laboral es una comunidad, una red intrínseca de personas que se apoyan entre sí para sobrevivir y prosperar. Entender cómo hacer que funcione un entorno laboral empieza comprendiendo nuestro lugar en él. Este libro detalla lo que se necesita para progresar en el trabajo, pero, sobre todo, cómo sentir satisfacción con lo que hacemos y contribuir más allá de la descripción de nuestro puesto. Espero que todos los lectores entiendan por qué la supervivencia colectiva (igual que un árbol depende de su bosque) se basa en nuestra capacidad para leer entre líneas.

INTRODUCCIÓN

Un hombre en Kioto[5] estaba en una comida de negocios con un cliente nuevo. Tras una charla cordial, se pusieron manos a la obra. Un tiempo después, el cliente halagó el reloj del hombre. Orgulloso y encantado, el hombre se miró el reloj, sonriente, maravillado con los detalles de la pieza mientras le contaba cómo lo compró. Al cliente le cambió la cara, poco impresionado por el relato, y no se involucró en el resto de la conversación de negocios. Mientras se preguntaba qué habría ocurrido, el hombre examinó el reloj de nuevo, se dio cuenta de la hora y advirtió que la reunión se había alargado más de lo previsto. Había pasado por alto la petición sutil del cliente de poner punto final a la conversación.

El hombre compartió su experiencia en Twitter y el tuit se volvió viral porque todos nos podemos sentir identificados con su experiencia. A muchas personas nos cuesta entender cómo gestionar las interacciones y experiencias informales en el trabajo. Por ejemplo, ¿sabes, sin mirar el reloj, cuándo está a punto de terminar una reunión? ¿Sabes

---

5. だーます (@dms9000), «Durante una reunión de negocios con una compañía de Kioto, me dijeron: «¡Qué buen reloj!», a lo que respondí con sus especificaciones. Qué mal me sentí cuando entendí que sus verdaderas intenciones eran sarcásticas, que estaban diciendo: «Llevamos hablando mucho tiempo», *Twitter post*, 21 de agosto de 2019, https://x.com/dms9000/status/1164380597990543360?ref_src=twsrcpercent5Etfwpe rcent7Ctwcamppercent5Etweetembedpercent7Ctwtermpercent5E116438059799054 3360percent7Ctwgrpercent5Epercent7Ctwconpercent5Es1_yref_url=httpspercent3A percent2Fpercent2Fsoranews24.compercent2F2019percent2F08percent2F27percent 2Fin-kyoto-hey-youve-got-a-really-nice-watch-is-not-a-compliment-japanese-business man+-sayspercent2F

cuándo es el momento exacto para pedir un aumento? ¿Entiendes el significado oculto tras lo que se dice o no se dice? ¿Sabes leer entre líneas lo que quiere decir que una persona mire el reloj?

El lado informal de la vida laboral es difícil de gestionar porque es invisible.

Piensa en el primer trabajo que conseguiste. ¿Cómo aprendiste a hacerlo? Todas las reglas oficiales, como las horas que tenías que trabajar y la mayoría de las tareas que necesitabas completar, eran claras y explícitas, escritas o comunicadas en la normativa, el manual del empleado o la descripción del trabajo. Sin embargo, hay otro aspecto de la vida laboral del que no se informa; se trata de las reglas informales, que se componen de las normas, expectativas y comportamientos que dirigen la manera de hacer las cosas. Por ejemplo, cuando empezaste en tu puesto de trabajo, quizá observaras cómo interactuaba el resto y qué comportamientos se premiaban. Tus colegas tal vez te dieran la bienvenida en una reunión de Zoom, te invitaran a tomar un café o fijaran una comida virtual para conocerte. Cada una de estas observaciones e interacciones nos ayudan a comprender cómo funciona nuestro entorno laboral.

En japonés hay un término[6] para entender el modo de trabajar o leer las normas compartidas de las situaciones sociales, *Kuuki wo yomu*, que se traduce como «leer entre líneas». El hombre de negocios japonés no logró leer entre líneas y acabar la reunión, algo tan poco habitual en Japón que sintió la necesidad de tuitear sobre su error. En la cultura japonesa, aprender a leer entre líneas consiste en comprender el subtexto de lo que se comunica, más allá de las palabras, interpretar los indicios no verbales y tener en cuenta todo el contexto.

Sin embargo, muchas culturas están familiarizadas con este concepto de «leer entre líneas». He vivido en múltiples países y he oído distintas frases para describir la capacidad de entender el lado informal de la vida laboral. Por ejemplo, en Estados Unidos, solía oír hablar a mis compañeros de la necesidad de «leer la sala» (*read the room*) mientras que, en Inglaterra, lo llaman «analizar la temperatura de la sala» (*ta-*

---

6. Lufkin, B., «How 'Reading the Air' Keeps Japan Running», *BBC*, 29 de enero de 2020, www.bbc.com/worklife/article/20200129-what-is-reading-the-air-in-japan

king the room's temperature). Otra referencia habitual es aprender las «reglas no escritas» de la vida laboral. Estas frases quizá se usen de manera distinta en diferentes contextos, pero, en última instancia, hacen referencia a lo mismo: nuestra capacidad para entender e interpretar los sentimientos, necesidades e intenciones de otras personas para poder gestionar las interacciones informales con ellas.

Leer entre líneas no se basa sólo en conocer las normas compartidas que gobiernan las interacciones cotidianas, sino que también incluye una comprensión profunda del entorno laboral con independencia del escenario. Muchos líderes corporativos con los que he trabajado se referían a esa idea de «leer entre líneas» como juicio, conciencia corporativa y habilidades políticas. Todos defendían que esta habilidad es el secreto para progresar y tener éxito en una carrera profesional, desde la capacidad de trabajar con cualquiera hasta la comprensión de los mecanismos internos de la cultura de una organización, pasando por recibir el salario que nos merecemos. Si somos capaces de leer entre líneas, sabemos cómo cumplir con nuestro trabajo, además de entender cómo funciona.

Este libro te hará permitirá un viaje de autodescubrimiento mientras comprendes cómo leer entre líneas y conectar con tu entorno laboral, tus colegas e incluso contigo mismo. Desmitificará lo invisible y revelará las normas no escritas para gestionar el modo de trabajar. Al descubrir cómo gestionar el lado informal de la vida laboral, disfrutarás de la capacidad de trabajar en cualquier sitio, ya que conocerás el funcionamiento de la mayoría de los entornos laborales.

El otro lado

En un viejo cuento zen,[7] un joven monje, de vuelta a casa, se topa con un largo río serpenteante que parece no tener fin. El joven monje no ve una manera de cruzar el río, pero permanece de pie en la orilla y trata de encontrar la forma de atravesarlo. Perdido, opta por rendirse.

---

7. Groove, B., «Zen Story: Which Side?», *Balance by Buddha Groove blog*, consultado el 1 de septiembre de 2022, https://blog.buddhagroove.com/zen-story-which-side/

Va a dar media vuelta para marcharse cuando advierte la presencia de un viejo maestro zen al otro lado del río. Entonces, lo llama: «Ay, maestro, estoy aquí atrapado. ¿Me puede decir cómo cruzar hasta la otra orilla?».

El maestro zen le sonríe con curiosidad. Después, se gira y recorre el río con la mirada antes de gritar: «Mi buen amigo, ya estás en la otra orilla».

Durante los últimos veinte años, en cientos de artículos, estudios y libros, se han examinado los desafíos que es probable que nos encontremos en el mercado laboral del futuro. En general, pintan un paisaje aterrador. ¡Los robots nos van a quitar el trabajo! ¡La IA reemplazará a los humanos! ¡La automatización va a destruir la mayor parte de los cargos! ¡La globalización y los avances tecnológicos cambiarán para siempre el mercado laboral tal y como lo conocemos! El único problema de estos argumentos es que el futuro ya está aquí.

Ya estamos al otro lado de la cuarta Revolución industrial. La automatización, la IA y la interconectividad universal[8] están transformando nuestra manera de trabajar. Se está tendiendo a automatizar las tareas complejas y cruciales[9] que necesitan un alto nivel de precisión. Por ejemplo, en una planta de Fanuc de Oshino,[10] en Japón, los robots industriales producen más robots industriales, supervisados sólo por cuatro trabajadores en cada turno. La IA está reemplazando al pensamiento humano. Olly, un asistente de IA creado por la compañía tecnológica Emotech, es igual que la Alexa de Amazon. Sin embargo, existe una diferencia significativa: Olly tiene una personalidad que evoluciona para parecerse más a su propietario, gracias a los algoritmos de aprendizaje automático. Que los avances tecnológicos cambien

---

8. Skrbiš, Z. y Laughland-Booÿ, J., «Technology, Change, and Uncertainty: Maintaining Career Confidence in the Early 21st Century», *New Technology, Work and Employment,* vol. 34, n.º 3, pp. 191-207, octubre de 2019, https://doi.org/10.1111/ntwe.12151

9. Dash, S., «Rewriting the HR Playbook for the Future», *NHRD Network Journal*, vol. 13, n.º 4, pp. 442-453, octubre de 2020, https://doi.org/10.1177/ 2631454120 963406

10. FANUC., «FANUC Produces 750,000th Robot», julio de 2021, consultado el 4 de septiembre de 2022, www.fanuc.eu/es/en/who-we-are/news/eu-750k-robots- 07-2021

nuestra manera de trabajar no es nada nuevo. No obstante, en lo que coincide casi toda la comunidad investigadora es en que el ritmo acelerado del cambio sí es una novedad.

Antes de la pandemia, se aceptaba[11] que los avances tecnológicos transformarían el mercado laboral a un ritmo nuevo. De hecho, el siglo XXI sería conocido por la velocidad y la variedad de avances tecnológicos que transformarían la manera de trabajar. Estos cambios ya están presentes en nuestras vidas. El problema es que no sabemos qué habilidades o capacidades necesitamos para superar estos cambios.

Eso lo tenemos claro. Con la encuesta de Esperanzas y Miedos de 2021[12] de la consultora PricewaterhouseCoopers en la que se entrevistó a 32 500 empleados, se descubrió que al 60 % de los participantes le preocupaba que la automatización pusiera en riesgo su trabajo y el 40 % creía que su trabajo quedaría obsoleto en los próximos cinco años. Para responder a estos desafíos, necesitamos desarrollar nuevas habilidades, de ahí que el 77 % de los encuestados estuvieran dispuestos a aprender nuevas destrezas o cambiar totalmente de ámbito. Sin embargo, ¿qué habilidades tenemos que aprender? Si, de hecho, ya estamos al otro lado, ¿qué necesitamos saber para sobrevivir en este nuevo mercado laboral?

Como muchas personas, a mí también me preocupa el futuro de mi trabajo. Sólo cuando investigué sobre el tema, asumí que los veinte años de experiencia en mi campo y los cinco grados serían suficientes para respaldar el progreso de mi carrera. No obstante, en 2020, cuando se produjo la pandemia, muy pocas personas habían anticipado la velocidad y el alcance de ese cambio en el trabajo. El coronavirus obligó a los negocios a lidiar con la incertidumbre al rediseñar procesos laborales o aumentar la velocidad de automatización, que transformó muchos puestos y puso en riesgo a tantos otros. En 2021,[13] un 25 % más de trabajadores de los que se había estimado tuvo que cambiar de

11. Skrbiš, Z. y Laughland-Booÿ, J., «Technology, Change, and Uncertainty», *op. cit.*

12. PwC Global, «Hopes and Fears 2021: The Views of 32,500 Workers», consultado el 1 de septiembre de 2022, www.pwc.com/gx/en/issues/upskilling/hopes-and-fears.html

13. Lund, S. *et al.*, «The Future of Work After COVID-19», *McKinsey Global Institute*, 18 de febrero de 2021, www.mckinsey.com/featured-insights/future-of-work/ the-future-of-work-after-covid-19

puesto debido al teletrabajo, el comercio electrónico y la automatización, según una encuesta que McKinsey realizó a ochocientos ejecutivos sénior.

En este estudio también se descubrió que el 60 % había invertido en la automatización o la IA en mayor o menor medida. Entre los motivos se incluía la implementación de la automatización y la IA en almacenes, supermercados, centros de atención telefónica y fábricas para reducir la densidad del entorno laboral y adaptarse al aumento de compras por Internet que se produjo durante la pandemia. El informe de McKinsey estimaba que uno de cada dieciséis trabajadores necesitaría encontrar un nuevo puesto antes de 2030, un incremento del 12 % en comparación con las estimaciones prepandémicas. No obstante, entre Estados Unidos y Europa, sólo el 6 % de las compañías espera reducir su plantilla a causa de la automatización y la IA.

La mayoría tememos que las máquinas nos quiten el trabajo, pero, al menos en las próximas décadas, lo más probable es que las máquinas cambien nuestra manera de trabajar, lo que supondrá cultivar las habilidades necesarias para adaptarse a los cambios futuros.

En 2015, cuando dirigía el departamento de Innovación y Tecnología en la Entidad de las Naciones Unidas para la Igualdad de Género (ONU Mujeres), colaboré con treinta compañías del sector privado como Facebook, General Electric y SAP para averiguar cómo podíamos usar la tecnología y la innovación con el fin de progresar en igualdad y equidad. Como parte de este proyecto, investigué sobre cómo el mercado laboral del futuro requeriría nuevos métodos de trabajo. Descubrí que la mayoría de las empresas aceptan que la naturaleza de los trabajos y los entornos laborales cambiarán, pero no saben lo que eso significará para sus empleados. Estamos al otro lado, pero necesitamos entender cómo afecta eso a nuestra manera de trabajar.

Transformación 1: roles técnicos en aumento

La mayoría de los entornos laborales están experimentando cuatro transformaciones. En primer lugar, los roles técnicos especializados[14] como los científicos de datos, los programadores, los diseñadores UI y los analistas SOC se necesitarán cada vez más. La contratación de estos puestos está creciendo el doble de rápido que el mercado laboral general, ya que son muy valiosos y complejos. Requieren una amplia variedad de destrezas[15] de distintas disciplinas, como el diseño web o de *software*, la experiencia del usuario, el análisis de datos y el *marketing*, por lo que sus salarios son entre un 20 y un 40 % más altos que el de los roles no técnicos.

Por ejemplo, piensa en el *marketing* y las relaciones públicas, donde hay una demanda creciente de gerentes de *marketing* digital que necesitan habilidades técnicas como el análisis de datos y creativas como el desarrollo de la imagen de marca y la publicidad. Estos puestos abarcan una amplia variedad de disciplinas y, como tales, suelen requerir un trabajo en equipo y colaboración excepcionales.

Por ejemplo, un gestor de *marketing* digital puede trabajar con el departamento de Tecnología de la Información, de Imagen de Marca, de Ventas, de Cadena de Suministros y de Comercio Electrónico. Lo interesante de estos puestos es que, a pesar de requerir altos niveles de capacitación técnica, también exigen habilidades sociales y emocionales extraordinarias.

Para hacer bien estos trabajos, los empleados deben gestionar la incertidumbre de trabajar en una nueva disciplina, usar su juicio para tomar decisiones complejas y trabajar con los demás para alcanzar resultados.

Aunque los avances tecnológicos crearán nuevos puestos, también cambiarán los existentes. Para 2030, el Foro Económico Mundial[16]

---

14. Sigelman, M. *et al.*, «The Hybrid Job Economy: How New Skills Are Rewriting the DNA of the Job Market», *Burning Glass Technologies*, consultado el 1 de septiembre de 2022, www.burning-glass.com/wp-content/uploads/hybrid_jobs_2019_final.pdf.

15. *Ibid.*

16. van Eerd, R. y Guo, J., «Jobs Will Be Very Different in 10 Years. Here's How to

estima que el 50 % de las tareas que llevamos a cabo en nuestro trabajo cambiará a causa de la automatización. La tecnología reemplazará las tareas repetitivas, como los balances de cuentas y la edición de documentos escritos. Así, los empleados tendrán más tiempo para aprovechar sus habilidades sociales para dedicarlas a aquello que la tecnología no puede hacer, como responder a una situación problemática al empatizar con un cliente o colaborar con equipos heterogéneos de personas en un entorno remoto. En resumen, a medida que aumente la demanda de roles técnicos y los avances tecnológicos transformen los cargos existentes, los empleados sufrirán una presión cada vez mayor para desarrollar las habilidades interpersonales necesarias y destinarlas a aquello que no son capaces de hacer las máquinas.

Transformación 2: diversificación de talento

La segunda transformación consiste en aprender a trabajar con personas que no tienen nuestro mismo aspecto, mentalidad o forma de actuar. Como resultado de la pandemia,[17] muchos empleados pueden trabajar (y lo hacen) desde cualquier parte. Tras la pandemia, compañías como Facebook, Shopify, Siemens y el Banco Estatal de la India hicieron un comunicado público en el que anunciaban que iban a permitir el teletrabajo de manera permanente.

Su aumento y la demografía cambiante suponen que los empleados ya no se puedan permitir contactar y colaborar sólo con personas parecidas a ellos. En su lugar, deben aprender a trabajar con cualquiera. Además, en 2020, la población de minorías multirraciales y étnicas[18] con dieciocho años o menos superó a la de personas blancas. Como

Prepare», *World Economic Forum*, 17 de enero de 2020, www.weforum.org/agenda/2020/01/future-of-work/

17. Choudhury, P., «Our Work-from-Anywhere Future», *Harvard Business Review*, noviembre y diciembre de 2020, https://hbr.org/2020/11/our-work-from-anywhere-future

18. Colby, S. L. y Ortman, J. M., «Projections of the Size and Composition of the U.S. Population: 2014 to 2060», *U.S. Census Bureau*, marzo de 2015, consultado el 1 de septiembre de 2022, www.census.gov/content/dam/Census/library/publications/2015/demo/p25-1143.pdf

resultado, para 2044,[19] más de la mitad de los estadounidenses perte-
necerá, por ejemplo, a un grupo minoritario (cualquiera que no sea
simplemente blanco y no hispánico).

Cooperar con personas que dan un enfoque o visión diferente al
trabajo puede crear conflictos, lo que es genial para innovar pero complicado a la hora de colaborar. Trabajar con distintos equipos requiere
la capacidad de hacer encajar nuestras diferencias con las de los demás,
es decir, unas habilidades sociales y emocionales excepcionales. Entre
2016 y 2030, la demanda de empleados que demuestren este tipo de
habilidades crecerá en todos los sectores.[20] En Estados Unidos, por
ejenplo, dicha demanda se espera que aumente un 26 % y, en Europa,
un 22 %, tanto en los roles técnicos como en los no técnicos.

La diversidad ha llegado para quedarse. Como resultado, la rápida
diversificación de los entornos laborales nos exigirá mayor control de
nuestras emociones y comportamientos, colaboración con los demás,
creación de relaciones y una comunicación eficaz.

Transformación 3: abrirse camino en entornos laborales híbridos

La tercera transformación con la que nos encontraremos la mayoría, si
no ha ocurrido ya, es aprender a colaborar en entornos laborales híbridos, presentes en organizaciones donde los empleados pasan un tiempo en la oficina y otro, en casa. En 2020, la consultora Deloitte hizo
una encuesta a 1500 compañías y descubrió que el 94 % coincidía en
que la capacidad de reacción y la colaboración son esenciales para el
éxito presente y futuro de su organización. Sin embargo, sólo el 6 % de
estas compañías creía que sus empleados se mostraban receptivos y
colaborativos. Las compañías que superan a sus competidores lo consiguen porque desarrollan una cultura en la que los empleados se relacionan de manera informal, son transparentes al compartir informa-

---

19. *Ibid.*
20. Bughin, J. *et al.*, «Skill Shift: Automation and the Future of the Workforce», *McKinsey Global Institute*, 23 de mayo de 2018, www.mckinsey.com/featured-insights/future-
of-work/skill-shift-automation-and-the-future-of-the-workforce

ción y colaboran con cualquiera para sacar adelante el trabajo. La empresa en sí se vuelve menos importante que las personas con las que cooperamos. Pero ¿cómo se crean vínculos con miembros del equipo a los que no conocemos? ¿Cómo colaboramos, innovamos y resolvemos problemas en un entorno laboral digital?

Sabemos que la modalidad híbrida de trabajo es muy popular. Aun así, cada vez hay más compañías que permiten a sus trabajadores teletrabajar de manera permanente. Durante la pandemia y desde entonces, ha surgido el debate de los beneficios y costes asociados al teletrabajo, pero nos guste o no ha llegado para quedarse. En una encuesta de McKinsey de 2021,[21] en la que se entrevistó a cien ejecutivos de distintos sectores y áreas geográficas, se descubrió que nueve de cada diez organizaciones planean adoptar la modalidad híbrida, una combinación de teletrabajo y presencial.

La popularidad del modelo híbrido ha incrementado la productividad, ya que trabajar desde casa disminuye el número de distracciones y reduce el tiempo de desplazamiento. Además, el teletrabajo ofrece mayor flexibilidad, facilita la retención de personas de grupos habitualmente subrepresentados, como madres trabajadoras, que suelen encargarse de un porcentaje desproporcionado de responsabilidades familiares, o las personas con discapacidades físicas, que pueden tener problemas para acceder a transportes públicos o a edificios no adaptados.

A pesar de estos beneficios, hay muchos perjuicios ocultos asociados al teletrabajo, que se deben entender, ya que influyen de manera negativa en nuestro bienestar y productividad. Quiero dejar claro que no estoy en contra del teletrabajo. Me encanta llevar a los niños a clase en lugar de desplazarme a la empresa cada día. Sin embargo, es esencial identificar los desafíos que crea para mi carrera profesional con el fin de poder superarlos. En un estudio global que se llevó a cabo en 2021,[22] se demostró que el aislamiento es el principal aspecto negativo

21. Alexander, A. *et al.,* «What Executives Are Saying About the Future of Hybrid Work», *McKinsey Global Institute,* 17 de mayo de 2021, www.mckinsey.com/business-functions/people-and-organizational-performance/our-insights/what-executives-are-saying-about-the-future-of-hybrid-work

22. Steelcase, «Changing Expectations and the Future of Work», *Steelcase Global Report 2021,* consultado el 1 de septiembre de 2022, www.steelcase.com/content/uploads/

que afectaba a los empleados que trabajaban desde casa en los diez países estudiados. Los humanos necesitan socializar. La soledad era un problema antes incluso de la pandemia, pero se ha incrementado debido al aumento del teletrabajo. El nuevo mercado laboral exige que los empleados trabajen juntos, pero el enfoque híbrido socava nuestra capacidad de hacerlo. Las reuniones por Zoom no pueden reemplazar las conexiones interpersonales que se desarrollan en las presenciales. En el mismo estudio, también se descubrió que los empleados que trabajan desde casa sienten que las decisiones se toman con mayor lentitud y que tienen menos claro cuáles son sus responsabilidades. También afirmaban que debían trabajar durante más tiempo para obtener los mismos resultados, lo que impacta en el equilibrio entre la vida personal y la profesional. Trabajar desde casa aumenta la ambigüedad.

El entorno laboral virtual incrementa las posibilidades de que se produzcan malentendidos, equivocaciones y desconexiones. En una encuesta de 2021,[23] McKinsey entrevistó a casi cinco mil empleados y descubrió que el teletrabajo durante la pandemia había aumentado la fatiga, la desconexión y el deterioro de las redes sociales, lo que reduce la sensación de pertenencia a la empresa. A pesar de la diversidad de herramientas virtuales de comunicación y colaboración que nos conecta con nuestros compañeros a todas horas (Zoom, Microsoft Teams, Slack, Dropbox, Google Drive, Skype, Periscope, Webex y GroupMe), estamos más desconectados que antes de la pandemia. La colaboración se vuelve más complicada al hacerse de forma virtual[24] y las interaccio-

2021/02/2021_AM_SC_Global-Report_Changing-Expectations-and-the-Future-of-Work-2.pdf

23. De Smet, A. *et al.,* «It's Time for Leaders to Get Real About Hybrid», *McKinsey Global Institute*, 9 de julio de 2021, www.mckinsey.com/business-functions/people-and-organizational-performance/our-insights/its-time-for-leaders-to-get-real-bout-hybrid

24. De Smet, A. *et al.,* «Return as a Muscle: How Lessons from COVID-19 Can Shape a Robust Operating Model for Hybrid and Beyond», *McKinsey Global Institute*, 9 de julio de 2021, www.mckinsey.com/business-functions/people-and-crganizational-performance/our-insights/return-as-a-muscle-how-lessons-from-covid-19-can-shape-a-robust-operating-model-for-hybrid-and-beyond

nes, más aisladas. La modalidad híbrida[25] dificulta el trabajo en equipo, lo que es perjudicial para el negocio.

En un cuestionario de 2020 de Boston Consulting Group[26] en el que participaron doce mil personas, se llegó a la conclusión de que los empleados satisfechos con su conectividad social son entre dos y tres veces más productivos en tareas colaborativas que aquellos que están insatisfechos. Por desgracia, los empleados no tienen las mismas oportunidades que en el entorno laboral físico de entablar conexiones espontáneas, como pasarse por el despacho de un compañero para charlar o hablar del fin de semana en la cocina compartida de la oficina. Aunque trabajar desde casa reduce el tiempo de desplazamiento y aumenta la flexibilidad en el trabajo, la falta de contacto social con compañeros deteriora la salud mental, lo que va en detrimento de la productividad. Durante la pandemia, los problemas de salud mental y desgaste se dispararon,[27] La causa de ambos se encuentra en la reducción de conexiones humanas informales e íntimas, forjadas junto al dispensador de agua. Todos nos enfrentamos al desafío de encontrar nuevas maneras de conectar, socializar y colaborar en este modelo híbrido, donde es complicado hacer cualquiera de esas cosas.

El trabajo híbrido ha subido las apuestas sobre la necesidad de trabajar en equipo mientras, de forma simultánea, ha complicado su ejecución. Abrirnos camino en entornos laborales físicos y digitales supone desarrollar habilidades sociales y emocionales avanzadas para compaginar estos entornos laborales tan distintos, sentirnos a gusto enfrentándonos a la ambigüedad y entender cómo adaptar nuestro estilo de trabajo a las necesidades de las personas con las que colaboramos.

En resumen, necesitamos descubrir cómo gestionar la forma de sacar adelante el trabajo, con independencia de dónde estemos o con quién.

---

25. *Ibid.*

26. Dahik, A. *et al.*, «What 12,000 Employees Have to Say About the Future of Remote Work», *BCG*, 11 de agosto de 2020, www.bcg.com/publications/2020/valuable-productivity-gains-covid-19

27. De Smet *et al.,* «Return as a Muscle», *op. cit.*

Transformación 4: aprender a gestionar lo informal

Por último, a medida que estos tres cambios (la demanda creciente de habilidades técnicas, sociales y emocionales, la diversidad en las organizaciones y la necesidad de colaborar en entornos híbridos) transforman nuestra manera de trabajar, la estructura de las empresas también está cambiando. El futuro entorno laboral es aquel en el que una red informal, tanto virtual como física, de empleados diversos reemplaza a la vieja jerarquía. Sólo un 14 % de los ejecutivos[28] cree que la estructura corporativa tradicional vuelve eficaz su entorno laboral, con puestos jerarquizados. Las compañías están optando ahora por equipos y estructuras más ágiles e informales en las que se comparte con mayor facilidad información y se colabora para sacar adelante el trabajo. Para adaptarse a los cambios tecnológicos actuales, los negocios deben volverse más activos en sus respuestas, por lo que la jerarquía se diluye con el fin de que se tomen decisiones más rápidamente y de que se facilite el aprendizaje práctico y la resolución colaborativa de problemas. En un estudio de 2018[29] llamado *Exploring the Future of Work: Results of the Futures Forum Study*, que examinaba opiniones expertas acerca del futuro del trabajo, se descubrió que en los próximos diez años se reducirá la necesidad de contar con una gerencia media.

Los entornos laborales se volverán más ágiles, de forma que nuestra manera de trabajar será menos formal, organizada y estática. El cuarto cambio fundamental con el que nos encontraremos la mayoría es la gestión de aspectos informales en el trabajo. Lidiar con la ambigüedad, ya sea sentir que una presentación se ha alargado demasiado o entender los significados ocultos tras las palabras de alguien, se volverá una habilidad fundamental. Los empleados tendrán que gestionarse a sí mismos,[30] tomar decisiones a través de un consenso y comprender los métodos de trabajo para tener éxito. El nuevo mundo del trabajo

---

28. Dahik *et al.,* «What 12,000 Employees Have to Say About the Future of Remote Work.» *op. cit.*

29. De Bruyne, E. y Gerritse, D., «Exploring the Future Workplace: Results of the Futures Forum Study», *Journal of Corporate Real Estate*, vol. 20, n.º 4, pp. 196-213, octubre de 2018, https://doi.org/10.1108/JCRE-09-2017-0030

30. *Ibid.*

es un «entorno laboral hipersocial» porque requiere una destreza crucial, la capacidad de interpretar a las personas con las que trabajamos. Si las reglas se crean entre todos, es nuestro deber darles forma. El desafío reside en que pocas personas saben cómo hacerlo o son conscientes de ello.

Dada la necesidad crítica[31] de gestionar la ambigüedad, tiene sentido que, a través de las investigaciones, se advierta que las personas con actitudes positivas hacia la incertidumbre y la aceptación de lo informal sean más creativas, rindan hasta estándares más elevados y sean mejores líderes. Biológicamente, la supervivencia de nuestra especie depende de la habilidad para adaptarnos, lidiar con la incertidumbre, aceptar la informalidad y trabajar con una serie de personas distintas que necesitan aprender a leer entre líneas. Por desgracia, existe un problema… Nuestra capacidad para gestionar la ambigüedad está disminuyendo en un momento en el que los entornos laborales se están volviendo cada vez más informales, lo que desemboca en la «paradoja de la ambigüedad», como me gusta llamarlo.

Lidiar con la ambigüedad implica varias habilidades, como la resolución de problemas que no tienen una solución clara, la participación en tareas complejas novedosas y la planificación y el pensamiento creativo de forma espontánea. Por desgracia, según un estudio del 2019,[32] de los ochocientos participantes, con edades comprendidas entre los veinticuatro y los treinta y siete años, el 70 % tenía una destreza menor a la media a la hora de enfrentarse a lo ambiguo. De hecho, los encuestados de dieciocho a treinta y siete años tenían el doble de posibilidades de encontrarse entre el 10 % con peor capacidad para gestionar la ambigüedad.

Con este estudio en mente, es normal que los *millenials* suelan evitar las dudas y la incertidumbre a cualquier precio cuando hacen su

---

31. O'Connor, P. y Becker, K., «As Work Gets More Ambiguous, Younger Generations May Be Less Equipped for It», *Conversationist*, 21 de enero de 2019, https://theconversation.com/as-work-gets-more-ambiguous-younger-generations-may-be-less-equipped-for-it-105674#:~:text=Youngerpercent20workerspercent20showpercent20lesspercent20capacity,lifepercent20eventspercent20topercent20drawpercent20fromlifepercent20eventspercent20topercent20drawpercent20from»

32. *Ibid*

trabajo. A diferencia de las generaciones anteriores, buscan directrices y orientación de manera excesiva y continua, lo que indica que quieren entender la percepción que tienen los demás de ellos, pero no saben cómo. Como resultado, las organizaciones necesitan darles las herramientas para gestionar la ambigüedad, lo que incluye ayudarles a entender cómo hacer su trabajo sin contar con toda la información, responder a los cambios constantes y aprender a adaptar su estilo comunicativo para conectar con distintas personas. Los *millenials* pronto conformarán el *grosso* de la comunidad profesional. Los negocios pueden ayudar a esta generación a lidiar con la ambigüedad aprendiendo a leer entre líneas y a gestionar la forma de trabajar.

Como el monje del viejo cuento zen, los cambios que estábamos esperando ya están aquí, pero necesitamos volvernos conscientes de que nos encontramos al otro lado. Cada vez más, los entornos laborales se compondrán de personas que no tendrán el mismo aspecto ni mentalidad que los demás. Necesitaremos habilidades sociales y emocionales avanzadas para colaborar de forma eficaz, innovar y resolver problemas con el fin de sobrevivir a los avances tecnológicos inevitables. La formalidad, la claridad y la consistencia del cómo, cuándo y dónde trabajamos se han visto sustituidas por la ambigüedad, la incertidumbre y la informalidad. La situación es clara: para enfrentarnos a la nueva normalidad, debemos dominar lo informal.

¿Por qué leer entre líneas?

Para el doctorado, llevé a cabo setenta y dos entrevistas con hombres y mujeres de dos compañías. A mitad del proceso, me di cuenta de que muchos participantes no entendían por qué debían leer entre líneas. Aseguraban que les parecía una pérdida de tiempo. Claro, ¿no es más eficaz decir exactamente lo que se piensa? ¿Por qué no ser sinceros y abiertos con independencia de la situación? Cada vez que me hacían esas preguntas, respondía compartiendo una conocida historia sobre la antropóloga Margaret Mead, que apareció por primera vez en el libro *The Best Care Possible* del médico Ira Byock. Hace muchos años, un estudiante le preguntó a Mead si sabía cuál era el primer indicio de que una cultura se había vuelto civilizada. Mead dijo que un fémur, el hueso del muslo, que se haya roto y sanado, porque, si te rompes la pata en el reino animal, no puedes defenderte, cazar ni encontrar agua, por lo que mueres.

Sin embargo, cuando un fémur roto ha sanado, es evidente que alguien ha cuidado de esa persona herida al proporcionarle comida, agua y seguridad. Mead afirmaba que ayudar y cuidar de otra persona es el origen de la civilización.

Algunos historiadores debaten si esta historia es veraz o acertada, pero creo que estos argumentos pasan por alto la realidad primordial tras ella. Nuestra humanidad compartida se basa en nuestra capacidad de cuidarnos los unos a los otros. Le damos un sentido al trabajo por las conexiones que desarrollamos con nuestros colegas, clientes y comunidades. Preocuparnos nos lleva a conectar, que es lo que nos hace humanos. Leer entre líneas es la manera de demostrar que otra persona nos importa porque es la forma de calcular el impacto de nuestras palabras y comportamientos en los individuos con los que trabajamos.

Pensad en ese hombre de negocios japonés que no logró leer entre líneas. ¿Qué impacto tuvo en él? En el mejor de los casos, enfadó al cliente por excederse del tiempo acordado. En el peor, perdió un cliente valioso y todos los beneficios típicos de una relación influyente. Las relaciones son importantes. La capacidad de acceder a redes, información, desarrollo y oportunidades de progreso informales se extrae de las conexiones que forjamos y mantenemos en el trabajo, a lo que la comunidad académica llama «capital social». Desarrollar capital social es una cosa, pero lo más importante es lo que hagamos con él.

En muchos libros, investigaciones y artículos académicos, se aboga por aprender a gestionar la política e influencia laborales, a persuadir e incluso manipular a las personas para desarrollar el capital social que se necesita para avanzar. He leído muchos de ellos y me he dado cuenta de que su enfoque tiene un punto en común: sólo buscan el beneficio propio. Como empleados, se nos anima a socializar con los clientes, a tener al jefe de nuestro lado, a aprender a participar en el juego para progresar. Esta creencia tan antigua sobre cómo involucrarnos en el juego de la compañía existe porque la mayoría de las empresas, sistemas educativos, medios de comunicación e incluso líderes no deja de perpetuar el mito de que el capitalismo es un juego de suma cero. Para ganarlo, debemos obtener beneficios cueste lo que cueste. Los grandes negocios se apoyan en la avaricia, el egoísmo y la corrupción. Las compañías aumentan los ingresos explotando a su plantilla, a los clientes y el medioambiente. Aunque este enfoque quizá aporte ganancias tangibles a corto plazo, no es sostenible. Anteponer los beneficios a las personas y el planeta crea una enorme desigualdad económica que lleva a una pérdida en derechos humanos.

Lo que es malo para las personas y el planeta acaba afectando a los beneficios. En un estudio de 2019 de *Harvard Business Review*,[33] se descubrió que los negocios sostenibles obtienen ganancias financieras más significativas que sus homólogos poco sostenibles. La clave está en que el mundo (y el mercado laboral) ha cambiado. Los clientes y empleados actuales quieren que las compañías se esfuercen más. El informe de Sostenibilidad de 2015 de Nielsen[34] informa de que el 66 % de los consumidores globales están dispuestos a pagar más por marcas sostenibles y esta cifra no deja de crecer cada año. Los clientes quieren comprar en negocios que practiquen la equidad y la sostenibilidad por el medioambiente, la economía y la sociedad. En un estudio de 2021, publicado en el artículo de «Harvard Business Review llamado What Your Future Employees Want Most», se analizó la experiencia laboral de más de 2500 personas y se descubrió que el 86 % de los empleados estadounidenses quiere trabajar para una compañía que priorice lo humano a lo material.

Los profesionales quieren que sus empresas se centren[35] en «cómo» sacar adelante el trabajo, encargándose de su impacto en clientes, comunidades y el medioambiente.

---

33. Whelan, T. y Kronthal-Sacco, R., «Research: Actually, Consumers Do Buy Sustainable Products», *Harvard Business Review*, 19 de junio de 2019, https://hbr.org/2019/06/research-actually-consumers-do-buy-sustainable-products?registration=success

34. Ashton Manufacturing, «66 % of Consumers Willing to Pay More for Sustainable Goods, Nielsen Report Reveals», consultado el 1 de septiembre de 2022, https://ashtonmanufacturing.com.au/66-of-consumers-willing-to-pay-more-for-sustainable-goods-nielsen-report-reveals/

35. Minahan, T., «What Your Future Employees Want Most», *Harvard Business Review*, 3 de mayo de 2021, https://hbr.org/2021/05/what-your-future-employees-want-most

En el nuevo mercado laboral, necesitamos una nueva definición de lo que significa ganar. Gestionar la manera de trabajar ya no es «un punto a favor», sino que es un aspecto fundamental de los negocios. Si desean sobrevivir a este mar de cambios, las compañías deben modificar su perspectiva, pasar de qué se está haciendo a cómo se está haciendo. Lo mismo ocurre con los empleados. Ya no nos podemos permitir creer que, para sobrevivir en el mundo cruel de la burocracia corporativa, necesitamos coaccionar, controlar o persuadir a los demás para que hagan lo que queremos, aunque no les beneficie.

Cómo se consigue capital social es igual de importante que cómo se invierte. Leer entre líneas es la forma de gestionar la ambigüedad y la informalidad, de colaborar para obtener resultados que beneficien a todo el mundo. En un estudio de 2014[36] publicado en *Leadership & Organization Development Journal*, se descubrió que los comportamientos de apoyo, como ofrecer ayuda a un colega con su desarrollo y carga de trabajo de forma directa o indirecta, aumentan el rendimiento individual y de equipo.

Una de las conclusiones clave de este estudio es que nuestra sensación de pertenencia influye en nuestro comportamiento, en el alcance de nuestra ayuda a los demás y, por lo tanto, en el rendimiento general. Devolver el favor demuestra que valoramos a nuestros compañeros porque nos importa su bienestar.

Aprender a leer entre líneas no sólo nos hará progresar en nuestra carrera, sino que también nos ayudará a gestionar nuestro método de trabajo para que beneficie a las personas con las que colaboramos. Descubriremos la forma de conectar con los demás, de entender cómo son y de utilizar esa información para que avancen en su carrera. Lo más importante es que comprendamos que leer entre líneas beneficia a nuestros compañeros tanto como a nosotros. La persona más influyente en cualquier organización es aquella que sabe cómo leer entre líneas porque, con este conocimiento, puede hacer que toda la organi-

---

36. Kyei-Poku, I., «The Benefits of Belongingness and Interactional Fairness to Interpersonal Citizenship Behavior», *Leadership & Organization Development Journal*, vol. 35, n.º 8, pp. 691-709, 2014, https://psycnet.apa.org/doi/10.1108/LODJ-09-2012-0117.

zación trabaje para su propio beneficio, el del resto de la plantilla, los clientes y la comunidad.

Las cuatro prácticas para gestionar la forma de trabajar

El futuro ya está aquí, pero lo que cada uno de nosotros haga con este conocimiento determina si sobreviviremos y prosperaremos en las próximas décadas. ¿Cómo puedo estar tan segura? Si analizamos los cambios que han experimentado las organizaciones y los puestos de trabajo durante el último siglo, se pueden extraer pistas de la dirección que es probable que tomen en el futuro. Por ejemplo, piensa en la introducción de los cajeros automáticos en Estados Unidos, por ejemplo, a partir de 1985. La preocupación de que dejarían de necesitarse cajeros humanos fue considerable. Si las máquinas distribuían dinero y aceptaban depósitos, ¿para qué querría cualquier banco contratar a un humano? Aunque los cajeros automáticos permitieron que los bancos trabajaran las veinticuatro horas del día con menos empleados, el ahorro inicial los animó a abrir más sucursales, lo que llevó a un aumento en el número de cajeros humanos. Los automáticos no los reemplazaron, sólo cambiaron su trabajo. Quizá las máquinas fueran más precisas a la hora de hacer cuentas o clasificar los billetes, pero no podían gestionar las preguntas, preocupaciones, frustraciones y quejas de los clientes. En resumen, los cajeros humanos ayudaban.

La introducción de cajeros automáticos en el sector financiero sustituyó a algunos profesionales, pero, al final, la tecnología sirvió para crear puestos de trabajo. Incluso a pesar de todos los avances tecnológicos que se esperan durante los próximos diez años, las investigaciones que se condujeron en 2021[37] para analizar cómo cambiarán el empleo y las habilidades en 2030 llegaron a la conclusión de que sólo el 6 % de las compañías europeas y estadounidenses esperan ver reducida su plantilla a causa de la automatización y la IA. Alrededor del

---

37. Bughin, J. *et al.*, «Skill Shift: Automation and the Future of the Workforce,» *McKinsey Global Institute*, 23 de mayo de 2018, www.mckinsey.com/featured-insights/future-of-work/skill-shift-automation-and-the-future-of-the-workforce

77 % espera que no cambie, y en torno al 17 %, que crezca. Aunque la tecnología se encargará de las tareas mundanas y rutinarias, también creará nuevos trabajos y nos liberará para que cultivemos y usemos habilidades más humanas, como la creatividad y la conexión interpersonal. Para tener éxito en esta nueva era tecnológica, los humanos necesitan volverse más humanos, es decir, centrarse en aquello que las máquinas no pueden hacer, como gestionar sistemas informales usando la empatía para consolar a un cliente cuya tarjeta se haya tragado el cajero automático.

Aunque observar quizá funcionara en el pasado, requiere de un elemento del que ya no disponemos, el tiempo. El futuro nos ha alcanzado y necesitamos encontrar un método más rápido para aprender y absorber las normas compartidas; si no, nos arriesgamos a quedarnos atrás. En un estudio de 2008 de la consultora Catalyst,[38] se reveló que lo que les gustaría haber sabido a los empleados en las etapas iniciales de su carrera era que no bastaba con trabajar duro para tener éxito, que necesitaban entender los aspectos informales de la vida laboral para avanzar. Alrededor del 78 % de los participantes quería que su compañía les ofreciera los programas o prácticas necesarias para leer entre líneas. En un estudio de 2010,[39] Catalyst descubrió que entender las normas compartidas juega un papel significativo en el desarrollo profesional, sea cual sea el género, la raza o la etnia de una persona.

La cultura japonesa enseña a sus ciudadanos a leer entre líneas observando e interactuando con los demás. Se los anima a desarrollar dicha habilidad. Incluso hay un videojuego para Nintendo Switch[40] relacionado con el tema, en el que los jugadores se enfrentan a cien situaciones diferentes y ganan puntos según lo bien que lean entre lí-

---

38. Sabattini, L., «Unwritten Rules: What You Don't Know Can Hurt Your Career», *Catalyst*, 15 de junio de 2008, www.catalyst.org/research/unwritten-rules-what-you-dont-know-can-hurt-your-career/

39. Sabattini, L. y Dinolfo, S., «Unwritten Rules: Why Doing a Good Job Might Not Be Enough», *Catalyst*, 9 de febrero de 2010, www.catalyst.org/research/unwritten-rules-why-doing-a-good-job-might-not-be-enough/

40. Soriano, C., «Kuukiyomi: Consider It Gameplay (Nintendo Switch)», 21 de diciembre de 2019, consultado el 1 de septiembre de 2022, vídeo (12:47), www.youtube.com/watch?v=JqNaEgWdRgc

neas. El mismo proceso de aprendizaje se adopta en las organizaciones. Da igual en qué punto de nuestra carrera estemos, nunca es demasiado tarde para aprender a leer entre líneas. Es una habilidad adquirida o plástica. Requiere aprender la forma en la que funcionan los entornos corporativos para que podamos usar nuestras habilidades sociales y emocionales a la hora de colaborar más allá de las diferencias, gestionar la ambigüedad y trabajar de manera eficaz en un mercado laboral híbrido.

La nueva comunidad de profesionales está cansada de juegos y crueldades, se ha hartado de la ambigüedad, de ahí que la habilidad de leer entre líneas sea el principio oportuno, estimulante y demostrado del éxito. Necesitamos hacer visibles las prácticas invisibles. Nuestras carreras y entornos laborales dependen de eso.

Cuando se trata de la vida laboral, lo que vemos no siempre es la realidad. El mundo profesional es un campo de minas de sistemas informales, como redes desenfadadas, información compartida, oportunidades de desarrollo y progreso. Para abrirnos camino por estos sistemas informales, debemos aprender a entender el entorno laboral y a las personas con las que trabajamos, incluidos nosotros mismos. Cuando sabemos leer entre líneas, nuestro trabajo ya no se centra en las tareas en sí, sino en la influencia. Los demás no nos verán como empleados que trabajan muchas horas, que siempre están de acuerdo con la gerencia o que cuidan cada detalle en largos informes, sino como personas que aportan valor porque saben lo que la compañía quiere de verdad y poseen las habilidades «informales» para conseguirlo. Veremos lo que otros no ven. Y, sobre todo, sabremos que, con independencia del siguiente acontecimiento revolucionario que ocurra a continuación, ya sea una recesión global o una pandemia, los sistemas formales no estarán ahí para respaldarnos. Sin embargo, lo invisible persistirá y sabremos cómo interpretarlo.

Como investigadora académica, me encantan las anécdotas, incluidas historias como la del hombre de negocios japonés, pero lo que más me entusiasma es una serie de pruebas empíricas. ¿Lo invisible es «real»? ¿Qué aspecto tiene? ¿Qué comprende? ¿Cómo aprendemos a interpretarlo y cómo hacerlo nos beneficiará no sólo a nosotros, sino también a las personas con las que trabajamos?

Este libro es la conclusión de veinte años de investigación, que incluye la lectura de más de tres mil artículos académicos, setenta y dos entrevistas originales con ejecutivos de dos organizaciones distintas (de Inglaterra y Australia), la transcripción de más de 110 horas de conversación y el análisis de más de cien mil fragmentos de texto, así como dos encuestas a grandes consultoras multinacionales, con más de tres mil participantes.

A partir de esta investigación, he llegado a la conclusión de que lo que diferencia a los profesionales de alto rendimiento que han ascendido de puesto de todos los demás es la capacidad de interpretar y gestionar los aspectos informales del trabajo, en lugar de seguir las reglas «formales». Estas personas han tenido éxito porque, para conseguir algo en el trabajo, se debe entender y participar en el lado informal de la vida laboral que existe más allá de la superficie.

Yo también me dediqué a marcar casillas para progresar en mi carrera. Durante mucho tiempo, pensé que formar parte del juego me llevaría a conseguir un trabajo decente. Me centré en las tareas en lugar de en la metodología. Seguí las reglas que me habían comunicado a través de estatutos, manuales y procesos formales. Sacarse un grado, hecho. Contactos, hecho. Tener un buen currículo (signifique lo que signifique), hecho.

Sacarse otra carrera y quizá otra más después. Comprar un traje que me empodere, trabajar hasta tarde, tener un apretón de manos firme, mostrar seguridad, innovar, cambiar de rumbo, crear una rutina, encontrar mis porqués, trabajar con personas difíciles… Hecho, hecho, hecho.

Sin embargo, tras veinte años marcando casillas sin llegar a ninguna parte, me senté y observé a las personas que conseguían ascensos. Entonces me di cuenta de que no dependían de los conocimientos explícitos, como tener múltiples carreras, para avanzar, sino que se pasaban la mayor parte del tiempo gestionando la forma de sacar adelante el trabajo.

Aprender a leer entre líneas es un desafío porque es difícil ubicar esta información. Sin embargo, para muchos, formar parte del juego es la única manera de descubrir sus reglas. Una de las razones por las que esto es así se encuentra en que lo informal tiene su origen en la historia, los valores y las normas de la organización. Por desgracia, las personas recién contratadas no tienen acceso a esos datos. Tampoco se los comunican de manera coherente o explícita, por lo que aprenderlos se vuelve tedioso y, en ocasiones, un vergonzoso juego de ensayo y error. Sin embargo, el estudio de Catalyst de 2008[41] demostró que el lado informal de la vida laboral se aprende observando cómo interactúan, se visten, se comunican (tanto de manera oral como por escrito) y participan en conductas no verbales otras personas. Además, algunos participantes de este estudio compartieron que desarrollaban sus conocimientos y experiencias de puestos anteriores para entender cómo funcionaban las normas compartidas en su nuevo trabajo.

Toda la información que conocemos se puede clasificar en dos tipos: tácita o explícita. En el ejemplo del hombre de negocios japonés y su cliente, el conocimiento explícito sería aprender a interpretar la esfera del reloj para saber la hora, mientras que el tácito, aprender a descifrar la cara del cliente y su lenguaje corporal para entender que la reunión se ha acabado.

El conocimiento explícito es cualquier información que se conoce a través de los medios formales, como el colegio o los programas de formación. Estos datos son concretos, fáciles de comunicar, compartir, copiar y transmitir. A menudo se conocen como «conocimiento teórico» porque es todo lo que aprendemos para saber completar las tareas de nuestro trabajo.

Por el contrario, el conocimiento tácito es el «saber hacer» del trabajo, los datos necesarios para aprender la manera de llevar a cabo nuestras tareas. Con el tiempo, se adquiere el conocimiento tácito a través de las relaciones porque incluye compartir datos, sentimientos y opiniones privados sobre la cultura y los valores de la organización. Leer entre líneas usa el conocimiento tácito que se desarrolla en el trabajo para completar las tareas. Es la información más valiosa porque es difícil enunciarla, compartirla o copiarla.

Sin embargo, las empresas siguen lavándoles el cerebro a las personas para que crean que deben seguir las reglas, estatutos, prácticas y

41. Sabattini, L., «Unwritten Rules: What You Don't Know Can Hurt Your Career», *op. cit.*

estructuras de recompensas formales y explícitas para ascender. Cuando los empleados empiezan su carrera, se les suele aconsejar que socialicen, muestren su buen juicio, lean libros sobre liderazgo y dominen el *marketing* y la marca personal en las redes sociales. La nueva comunidad de profesionales ya no se cree la promesa de «Si hago esto, conseguiré esto; si no lo hago, fracasaré». En su lugar, están empezando a increpar a las empresas. A través de mi investigación, he llegado a entender que da igual lo mucho que desarrolles estas habilidades, el esfuerzo es, en esencia, una pérdida de tiempo. Se debe a que, cuando nos centramos en conseguir resultados tangibles para progresar, no gestionamos correctamente la forma en la que se obtienen esos resultados. La manera de trabajar da valor a lo que conseguimos, el «cómo» es tan importante como el «qué».

Cuando gestionamos la forma de trabajar, tomamos conciencia y sabemos cómo involucrarnos en los cuatro sistemas informales que existen en todos los entornos laborales, es decir, las redes, la información compartida, las oportunidades de desarrollo y el progreso. Aprender a leer entre líneas es, en general, aprender cómo funcionan estos cuatro sistemas informales. Mientras que las compañías quizá hayan formalizado procesos para hacer contactos, compartir información o desarrollar y hacer progresar a sus empleados, lo que más importa son los sistemas informales que conviven con estos procesos. Por ejemplo, podemos asistir a todos los eventos formales para hacer contactos que proponga nuestra compañía o cumplir todos los requisitos para conseguir un ascenso, pero eso no garantiza que vayamos a desarrollar conexiones y conseguir la ayuda necesaria para progresar. Los procesos formales componen un estándar corporativo, pero los informales revelan cómo se experimenta un proceso o los estatutos. Gestionar la forma de trabajar supone entender cómo se lidia con los comportamientos, interacciones y pruebas que se experimentan a la hora de hacer contactos, compartir información, desarrollarnos y progresar en el trabajo.

Las redes informales son el alma de las organizaciones; son todas las relaciones informales (es decir, entre un empleado y cualquier otra persona) que se pueden forjar en el trabajo. Dichas relaciones no se limitan a la estructura formalizada de la empresa (entre empleados y supervisores), sino que incluyen a personas con las que se suele interactuar o socializar, conexiones que, en nuestra opinión, son beneficiosas para ambas partes. Por ejemplo, supongamos que queremos conseguir que apoyen uno de nuestros proyectos, un consenso en las decisiones críticas, que nos presenten a personas importantes o que nos respalden en nuestra siguiente etapa profesional. En ese caso, necesitaremos conocer cómo funcionan las redes informales y qué hacer para gestionarlas. Sin redes informales, recibir la información, los consejos y la ayuda que necesitamos para progresar en el trabajo es casi imposible. El desafío, a pesar de lo que piensa la mayoría, es que no se crean redes informales yendo a eventos formales o intercambiando tarjetas de visita durante el *catering*. En el tercer capítulo, se revela por primera vez qué redes informales se requieren, cómo funcionan y qué se necesita hacer para que funcionen.

Cuantas más conexiones informales se tengan, mayores probabilidades habrá de acceder a información difícil de conseguir en el trabajo. Cuando nos detenemos en el dispensador de agua para charlar o aprovechamos los diez minutos previos a una reunión de Zoom para comprobar cómo están nuestros compañeros, estos momentos permiten que los demás nos transmitan datos informales esenciales, como futuros cambios corporativos, *feedback* informal sobre nuestro rendimiento o la perspectiva de personas distintas a nosotros sobre asuntos relacionados con el trabajo. La información formal se compone de estatutos, procesos, manuales y boletines para empleados, pero la informal es cualquier conocimiento compartido de manera casual, ya sea durante un café virtual o unas copas después del trabajo. Desarrollamos una comprensión de nuestro entorno laboral, de nuestros compañeros y de nosotros mismos a través de los datos informales a los que accedemos. Sin ellos, es muy difícil saber cómo percibe el resto nuestras destrezas y lo que necesitamos hacer para conseguir el siguiente ascenso. En el cuarto capítulo, se revela cómo se puede acceder a tres tipos de información que todo el mundo necesita para prosperar en su trabajo.

Que desarrollemos y aprendamos nuevas destrezas depende de que muchas personas importantes deseen invertir su tiempo y energía en nuestra carrera. Las conexiones informales que creemos nos dan acceso a oportunidades de desarrollo y al *coaching* y las directrices necesarios para tener éxito en dichas oportunidades. La mayoría de las compañías no tienen un proceso formal para decidir a quién se le asigna el próximo proyecto a corto plazo, uno de alto nivel o uno internacional o cuál va a ser la rotación de puestos. En la mayoría de los casos, los gerentes se basan en las recomendaciones informales y el boca a boca para decidir quién tiene acceso a oportunidades de desarrollo, algo necesario para aprender nuevas habilidades y demostrar de lo que somos capaces. La mayoría quiere aprender nuevas destrezas y progresar en su carrera. La falta de acceso a oportunidades de desarrollo es una razón crucial para que los empleados abandonen una empresa. Según un cuestionario en línea de 2021[42] que llevó a cabo Monster, la empresa de selección de personal, el 45 % de los empleados que deja su trabajo se debe a esa falta de acceso a oportunidades de desarrollo. Desearlas y saber cuáles son importantes y cómo acceder a ellas son cosas muy distintas. En el quinto capítulo, se mostrará qué oportunidades de desarrollo informales son primordiales y cómo se puede alcanzar todo el potencial y la satisfacción en el trabajo.

Aunque estas oportunidades sean necesarias para conseguir un ascenso, no lo garantizan. El progreso se consigue cuando las personas que toman esa decisión tienen una idea de quiénes somos, de nuestro valor y de cómo es trabajar con nosotros. Gestionar esta percepción requiere la capacidad de leer entre líneas y actuar acorde. Así, conoceremos cómo nos perciben los demás y cómo lidiar con dicha apreciación. ¿Cómo describirían los demás cómo es trabajar contigo? ¿Qué dicen tus superiores sobre tus logros? Si lo único que necesitas para conseguir un ascenso es obtener resultados sin ayuda de nadie o a expensas del bienestar de otras personas, entonces, sólo los capullos competentes podrán acceder al mejor despacho. La manera de enfrentarte al trabajo es tan importante como todas las metas que cumplas. Tu habilidad para colaborar con los demás determina su deseo de abogar por tu progreso profesional. En el sexto capítulo, descubrirás qué es un «defensor profesional» y cómo conseguir uno para que cuentes con el apoyo necesario para enfrentarte a nuevos retos y disfrutes de una trayectoria significativa.

---

42. Monster, «Fall 2021 Hiring Report», consultado el 1 de septiembre de 2022, https://media.monster.com/marketing/2021/Monster-2021-Fall-Hiring-Report.pdf

En un futuro repleto de automatización, inteligencia artificial, trabajo virtual y una diversidad demográfica de empleados cada vez mayor, leer entre líneas es la manera de superar los cambios. En el informe de 2017 de Pearson,[43] *Future of Skills: Employment in 2030*, se afirmaba que la percepción social y la coordinación, es decir, la capacidad para leer entre líneas, sería la habilidad más importante y necesaria dentro de cinco o diez años. Las destrezas técnicas, el conocimiento explícito, ya no serán suficientes para conseguir un ascenso o hacer una contribución significativa al trabajo. Las personas que superan con éxito los cambios a los que nos estamos enfrentando ahora no se centran en lo escrito, sino en los cuatro sistemas informales que componen la vida laboral tras la superficie de los estatutos y procesos formales. Estos individuos no sólo son conscientes de los sistemas informales, sino que también saben involucrarse en ellos. Han aprendido a interpretar lo invisible, lo informal, las reglas no escritas tras «¡Qué reloj tan bonito!». Han aprendido a leer entre líneas.

El nuevo mundo del trabajo requiere una nueva metodología. Da igual si deseas liderar un equipo remoto, conseguir un ascenso en un entorno donde sólo hay recortes, presentarte como una estrella emergente o conseguir tu primera oferta de trabajo en una reunión por Zoom, o si perteneces a la nueva generación de profesionales esperanzados y te estás preguntando: «¿Cómo diablos progreso?», este libro es la respuesta.

---

43. Bakhshi, H. *et al.*, *The Future of Skills: Employment in 2030*, Pearson y Nesta, Londres, 2017.

APRENDE A TRABAJAR

1

UN LUGAR AL QUE PERTENECER

Cómo desarrollar la sensación de pertenencia

Nunca olvidaré mi primer día en la escuela primaria de Sudáfrica. Mientras miraba por la ventanilla, veía el borrón de árboles verdes pasar a mi lado. Fantaseaba con la idea de saltar de la *pickup*. Sería mejor que cruzar un abismo de miradas adolescentes, zapatillas y aislamiento social del que sólo gozaban los «forasteros». Sin embargo, miré por la ventanilla del acompañante antes de desviarla hacia mis piernas desnudas, consternada. Tiré de la falda, deseando no ser esa chica bajita de piel pálida, gafas, ortodoncia y un corte de pelo al estilo de Harry Potter. Quería parecerme a todos los demás, pasar desapercibida entre la multitud. No obstante, me llevaban a clase en la versión automovilística de una enfermedad social.

En realidad, no era exactamente una *pickup*, sino algo que, por alguna razón desconocida, en mi familia se conoce como «el Kabal» y, aunque no sé qué significa, el nombre le iba perfecto. El Kabal era único, un viejo híbrido abollado, mezcla de una furgoneta y una *pickup*, con la densidad de un tanque. Como un gigante flotante en el desfile del Día de Acción de Gracias de Macy's, no había forma de que pasara desapercibido. En esta ocasión, botes de pintura, equipo de construcción y escaleras invadían la parte trasera. Chocaban con cada bache o frenazo. El motor era muy ruidoso porque funcionaba con diésel y solía gruñir y petardear cada vez que se arrancaba. Mientras nos movíamos, un rastro de humo negro surgía del tubo de escape del techo, señalando nuestro camino.

El colegio apareció a lo lejos y noté que el corazón me daba un vuelco aún mayor. Mi padre insistió en dejarme en la entrada. No había verja, sólo un enorme patio inundado de adolescentes. Mientras me peleaba con la manivela de la ventanilla de la *pickup* de mi padre (la única manera de abrir la puerta era desde el exterior) para bajarla y estiraba por fuera el otro brazo todo lo posible para alcanzar el tirador, apareció un BMW negro. Una chica alta y bronceada, con el pelo rubio, salió de él. Esbozó una sonrisa sin aparato y saludó a un grupo de chicas también rubias que nos miraban al Kabal y a mí.

Todo el patio del colegio pareció detenerse. Las bocas un poco abiertas, los ojos aún más. Una fuerte explosión sobresaltó a todos y noté que palidecía. El motor se detuvo. El corazón me dio un vuelco porque sabía lo que significaba. Dejé la mochila en el bordillo y me di media vuelta. Mi padre salió para coger la caja de herramientas y yo me subí a la parte trasera de la *pickup* para ayudarlo. En todo momento, me mantuve de espaldas al patio, creyendo que, si no los veía, los demás no advertirían mi presencia. Tiré del asiento del pasajero, de cuero raído, para que mi padre pudiera acceder al motor que se encontraba debajo. Revolucionó el motor y una densa nube de humo negro llenó el aire. El numerito estaba en su punto álgido. ¡Bam! El Kabal petardeó. ¡Bam! Dos veces. ¡Bam! Tres veces. «Quizá nadie lo ha oído». Me sentí aliviada cuando el motor arrancó. Bajé del Kabal, con las mejillas, el cuello y el pecho cubiertos de manchas rojas. Recuperé la mochila y, con la cabeza baja, me dirigí al patio. No había persona que no me devolviera la mirada cuando levantaba la mía y me siguiera con ella como si tuviera un imán potente mientras caminaba. Incluso la directora, la señora Anderson, había aparecido en el patio para observarme. Oí los susurros, las risas y las burlas. Los demás alumnos se apartaban de mí cuando pasaba porque no querían acercarse. Todas mis diferencias habían quedado al descubierto y ahora se exhibían ante el resto. Mientras cruzaba el patio, busqué con los ojos algún lugar en el que ocultarme. Al pasar junto a la señora Anderson, me susurró: «Cabeza alta, King».

La mayoría tenemos una historia similar a la del Kabal. Cuando nos aceptan e incluyen en un grupo, nos sentimos seguros, confiados, valiosos y conectados a los demás. De igual manera, casi ninguno olvida el dolor punzante que nos provoca que nos excluyan o nos dejen de lado. La necesidad de pertenencia es universal, por lo que duele cuando no se satisface. Deseaba de corazón hacer lo que me estaba pidiendo la señora Anderson, pero ¿cómo iba a evitar que me afectaran el acoso, el aislamiento y las burlas? No podía escapar de ellos. No tenía dónde colocarme durante el recreo. No me querían en ningún grupo. Todo eso me llevaba a sentir que no pertenecía a ningún sitio, por lo que almorzaba a solas en el baño.

La pertenencia es la sensación de conexión con el entorno y las personas que lo ocupan. Es el deseo de pertenencia de la humanidad[1] lo que nos ayuda a sobrevivir. La hipótesis de la pertenencia,[2] desarrollada por los investigadores Roy Baumeister y Mark Leary en 1995, afirma que la humanidad tiene una necesidad universal de forjar y mantener al menos algunas relaciones interpersonales. En muchos estudios antropológicos[3] se ha descubierto que las personas de todas las sociedades forman grupos de manera natural. De hecho, el proceso de selección natural favorecía a las personas que lograban establecer y mantener conexiones interpersonales con grupos sociales. Que las incluyeran en un grupo social era esencial para conseguir ayuda, protección y alimentos. Nuestra capacidad de establecer vínculos, colaborar y cooperar más allá de nuestras diferencias le permitía a nuestra especie reproducirse y evolucionar.

Los neurólogos han encontrado pruebas de que esa pertenencia viene de serie en el cerebro humano. Establecer vínculos e interactuar con otras personas genera la dopamina, el elemento químico que nos hace sentir bien. Cuando tenemos interacciones positivas con otras personas, envía un mensaje a nuestro cerebro de que el vínculo merece

---

1. Baumeister, R. F. y Leary, M. R., «The Need to Belong: Desire for Interpersonal Attachments as a Fundamental Human Motivation», *Psychological Bulletin*, vol. 117, n.º 3, pp. 497-529, 1995, http://persweb.wabash.edu/facstaff/hortonr/articles%20 for%20class/baumeister%20and%20leary.pdf
2. *Ibid.*
3. *Ibid.*

una recompensa. Por el contrario, la parte de nuestro cerebro[4] que registra el dolor físico, la corteza cingulada anterior, se activa cuando las personas nos excluyen de un grupo social. Los investigadores han descubierto que la soledad[5] y el ostracismo son peores que un acoso manifiesto, según un estudio canadiense publicado en 2014 en *Organization Science*. Este dato preocupa especialmente al conectarlo con una encuesta que realizó la consultora EY[6] a 1789 empleados estadounidenses a jornada completa cuyos resultados manifestaron que el 40 % se sentía aislado en el trabajo. El aislamiento afecta al bienestar mental, emocional y físico. Todos necesitamos un grupo al que pertenecer.

Tardé mucho tiempo en entender que todos tenemos un Kabal en su vida, aquello que nos diferencia de los demás, una característica que nos distingue de las personas de nuestra vida y que solemos ocultar con desesperación. Este hecho se vuelve aún más relevante en el trabajo. Pertenecer al entorno laboral es sentir que se forma parte de un grupo, es decir, saber que tanto nuestros compañeros como las empresas que nos contratan aprecian nuestras diferencias. Pertenecemos cuando nos sentimos valorados por quiénes somos y conectados al entorno laboral y sus profesionales.

El alcance de esa sensación de pertenencia (si podemos o no mostrar nuestra identidad y si sabemos o no cómo valorar a las personas que nos rodean) determina nuestro nivel de participación, productividad y confianza. Las investigaciones han demostrado que en el trabajo ocurre lo mismo. Cuando la plantilla siente una fuerte sensación de

---

4. Waller, L., «Fostering a Sense of Belonging in the Workplace: Enhancing Well-Being and a Positive and Coherent Sense of Self», en *The Palgrave Handbook of Workplace Well-Being*, Palgrave Macmillan, Londres, 2021 pp. 341-67.
5. O'Reilly, J. *et al.,* «Is Negative Attention Better than No Attention? The Comparative Effects of Ostracism and Harassment at Work», *Organization Science*, vol. 26, n.º 3, pp. 774-793, mayo-junio de 2015, www.sauder.ubc.ca/sites/default/files/ 2019-07/Oreilly%20et%20al%20Org%20Sci.pdf
6. Twaronite, K., «Op-Ed: Connected, Yet Lacking Connections: How We Can Combat Loneliness at Work», *CNBC*, 25 de febrero de 2022, www.cnbc.com/20 22/02/25/op-ed-connected-yet-few-connections-how-we-combat-work-loneliness. html

pertenencia al entorno laboral[7], las posibilidades de esforzarse al máximo y sobresalir en su trabajo se multiplican por seis. En un extenso estudio de *Harvard Business Review* de 2019,[8] se descubrió que los empleados que sentían esa pertenencia experimentaban un incremento del 56 % en su rendimiento y había un 50 % menos de posibilidades de que cambiaran de puesto. La pertenencia es esencial para el éxito profesional individual y la productividad corporativa.

Algo tan simple como que los compañeros ignoren a alguien[9] en los pasillos puede producir una disminución del 25 % en el rendimiento de ese individuo en un proyecto de equipo. Lo preocupante en este caso es que el aislamiento se está volviendo aún más pronunciado[10] en la nueva era del teletrabajo. La soledad y el aislamiento son las preocupaciones más significativas que tienen los profesionales. Influyen de manera negativa en su productividad y bienestar, además de aumentar el estrés y las malas decisiones. Una falta de pertenencia también contribuye a múltiples problemas psicológicos[11] como la depresión o la ansiedad. La soledad puede incluso limitar la esperanza de vida: en un estudio de 2015 se reveló que aumenta la tasa de mortalidad en un 26 %.

No obstante, la desconexión que estamos experimentando en la actualidad complica la satisfacción de nuestra necesidad universal. En un estudio de 2021,[12] se examinó la experiencia de mil trabajadores en un entorno híbrido y se descubrió que al 53 % de los que trabajaban en remoto les preocupaba que los dejaran de lado en las reuniones

7. Ramesh, A., «Why Belonging Is Important at Work: Employee Engagement and Diversity», *Glint*, 23 de abril de 2020, www.glintinc.com/blog/why-belonging-is-important-at-work-employee-engagement-and-diversity/

8. Carr, E. W. *et al.*, «The Value of Belonging at Work», *Harvard Business Review*, 16 de diciembre de 2019, https://hbr.org/2019/12/the-value-of-belonging-at-work

9. *Ibid.*

10. *Ibid.*

11. Holt-Lunstad, J. *et al.*, «Loneliness and Social Isolation as Risk Factors for Mortality: A Meta-Analytic Review», *Perspectives on Psychological Science*, vol. 10, n.º 2, pp. 227-237 (marzo de 2015), http://doi.org/10.1177/1745691614568352.

12. CEO Monthly, «Over 50% of Remote Workers Are Worried About Workplace Exclusion», 28 de abril de 2021, www.ceo-review.com/over-50-of-remote-workers-are-worried-about-workplace-exclusion/

presenciales. Además, el entorno de trabajo híbrido dificulta la conexión y aumenta las oportunidades de sufrir desconfianza y malentendidos, lo que disminuye la sensación de pertenencia. En este nuevo mercado laboral, parece que la mayoría estamos experimentando o contribuyendo a que otras personas vivan un «momento Kabal». No sabemos cómo pertenecer ni hacer que los demás sientan que lo hacen.

Los cinco mitos de la pertenencia

Para entender cómo desarrollar la sensación de pertenencia en el trabajo, necesitamos examinar algunos malentendidos y creencias habituales sobre lo que significa «pertenencia». Según mis investigaciones, existen cinco mitos generalizados que perpetúan la mentalidad de «se gana o se pierde» en las organizaciones de hoy en día. Así, redefinir nuestra forma de trabajar comienza con estudiar las creencias sobre el trabajo que sirven para perpetuar el *statu quo*.

Mito 1: la pertenencia siempre ha estado disponible para todos

La idea de que todos tenemos una oportunidad de gozar de una sensación de pertenencia en el trabajo es relativamente nueva. A lo largo de la historia de la humanidad, el trabajo ha requerido cierto grado de organización. Además, la manera de trabajar se ha tenido que adaptar rápidamente (y de forma significativa) para responder a los cambios de nuestro entorno laboral. Por ejemplo, durante la Revolución industrial, las compañías como Ford Motor Company crearon y aplicaron las cadenas de producción y montaje en masa. Esta nueva manera de trabajar generó nuevas reglas a la hora de colaborar unas personas con otras. Casi de la noche a la mañana, el entorno laboral, incluidas las plantas de producción de Ford, se transformó en una jerarquía de supervisores y gerentes. Se les pidió a los empleados que realizaran tareas muy específicas, limitadas y repetitivas que debían dominar a toda prisa. Cada trabajo contribuía de manera concreta al ensamblado de un producto. Para prosperar en este entorno, no bastaba con trabajar duro porque las horas y el ritmo eran los mismos para todos. En su lugar, los empleados tuvieron que aprender a subir en la escalera corporativa, lo que suponía ser productivos y participar en el juego político.

La política de oficina es el conjunto de comportamientos, normas e intercambios diarios en los que participamos. La política es la manera en la que se saca adelante el trabajo y puede impactar de forma positiva o negativa en nuestra experiencia profesional. Nuestra sensación de pertenencia y conexión con la cultura en nuestro entorno laboral se crea o debilita dependiendo de nuestras interacciones diarias, que suelen ser políticas. La política entra en juego cuando se ignora a los candidatos más cualificados y capaces de cara a un ascenso para ofrecérselo a la persona más popular (con mejores contactos), cuando no se toma la mejor decisión para el negocio porque amenaza la posición de un líder o la rentabilidad. Si crees que tu entorno laboral no tiene una política de oficina, eso sólo quiere decir que aún no la has advertido.

El mayor problema con la política de oficina es que no sirve para todos porque es un método de trabajo anticuado que beneficia a unos pocos en detrimento de otros. Durante décadas, han sido los hombres blancos los que han creado y mantenido la cultura laboral. Las personas en puestos de poder dictaban de manera deliberada las reglas del juego político para excluir a cualquiera que fuera diferente a ellas. Por ejemplo, una vez trabajé para un director ejecutivo de una multinacional que creaba extrañas reglas no escritas sobre cómo deberían trabajar sus empleados (desde su ropa a su manera de organizar o decorar su escritorio) y esperaba que todos las cumplieran. Incluso le pidió a un compañero que abandonara una reunión porque llevaba zapatos marrones. Más tarde, el jefe de Recursos Humanos me contó que ese trabajador nunca conseguiría un ascenso, a pesar de ser excelente, sólo por el color de sus zapatos.

La manera política de trabajar deriva en la creencia de que ganar es un deporte individual, de que el éxito se consigue a expensas de las personas con las que trabajamos. Existen innumerables libros y artículos académicos que giran en torno a ganar cueste lo que cueste: participar en el juego, gestionar la política de la oficina, influir, persuadir e incluso manipular para salir adelante. Por desgracia, se enfoque como se enfoque, todos tienen algo en común: son métodos egoístas que nos mantienen desconectados. La sensación de pertenencia se produce cuando sentimos que nuestros compañeros valoran nuestra manera de ser. La filosofía cruel de la mayoría de los entornos laborales desgasta las relaciones significativas. Esta creencia está tan extendida que, en una encuesta de 2008 realizada a 250 gerentes de Reino Unido, se reveló que el 90 % creía que se necesitan destrezas políticas para tener éxito. Aunque el vínculo entre éstas y el éxito profesional es evidente, existe un problema: la política de oficina es un juego con ganadores y perdedores.

Tras mi extensa investigación sobre el tema, he descubierto que, incluso cuando las mujeres y las minorías se involucran en dicha política, no salen tan beneficiadas como los hombres blancos. En 2008, Kate Davey[13] llevó a cabo un estudio en el que las mujeres describían la política de oficina como un sistema informal que «mantiene en el poder a aquellos que lo tienen mientras excluye a todos los que no cuentan con él». La política de oficina es el juego de los hombres blancos. Se aseguran de que nadie disfrute de una sensación de pertenencia porque algunas reglas no se aplican a todo el mundo.

El desafío al que se enfrentan ahora los hombres blancos es que el mercado laboral ha cambiado de manera irrevocable. Los avances tecnológicos demandan una mayor innovación y creatividad significativas, lo que sólo puede conseguirse al aprovechar el valor de las perspectivas que difieren entre sí.

Para beneficiarse del valor de un entorno laboral diverso e inclusivo, las compañías necesitan crear un ambiente en el que las personas se sientan cómodas, a pesar de sus diferencias. Y, si se quiere mantener el puesto de líder, se debe abandonar la antigua política de oficina.

Mito 2: para pertenecer, se debe encajar

La primera vez que oí el término «pertenencia» en un entorno corporativo, era asesora para una multinacional de servicios profesionales.

---

13. Davey, K. M., «Women's Accounts of Organizational Politics as a Gendering Process», *Gender, Work & Organization*, vol. 15, n.º 6, pp. 650-671, 2008, https://doi.org/10.1111/j.1468-0432.2008.00420.x

Como parte de mi trabajo, debía presentar mis conclusiones tras una encuesta reciente sobre la cultura ante un equipo directivo compuesto sólo por hombres blancos.

«Necesitamos asegurarnos de que la plantilla siente que encaja. Necesitamos crear una cultura de pertenencia». Esta frase procedía de Steve, la persona con más experiencia de la sala. Aquello me confundió. ¿Acaso pensaba que «pertenecer» y «encajar» era lo mismo? Por eso, lo presioné: «Desde tu punto de vista, ¿qué significa la cultura de pertenencia?».

Se giró hacia mí y contestó: «Aquella en la que todos sienten que encajan y entienden las reglas del juego». No sabía lo mucho que se equivocaba. El comentario había sido su respuesta a los datos que le había presentado, en los que se aseguraba que el 92 % de la plantilla de la compañía creía que, para conseguir un ascenso y liderar, necesitaban ser dominantes, mostrar asertividad, agresividad y competitividad y trabajar muchas horas, igual que el resto de los hombres blancos de la sala. Los empleados sentían que no podían dar su opinión, hacer contribuciones significativas o compartir su identidad u otra experiencia vital.

Steve no favorecía la cultura de la pertenencia, sino la de la «otredad». En su entorno laboral, se valoraba una única manera de trabajar y de pensar. Cualquiera que no cumpliera este estándar sufría discriminación, se le trataba como si fuera inferior y se le excluía. Los individuos tímidos no podían acceder a los ascensos. Los padres que no podían trabajar demasiadas horas extra no se tenían en cuenta de cara a proyectos importantes. A diferencia de Steve y los demás hombres de la sala, los empleados que no fueran iguales que ellos tenían menos posibilidades de prosperar, de contribuir o de sentirse incluidos.

Steve creía que la pertenencia suponía encajar, pero ambos conceptos no pueden ser más diferentes. Encajamos cuando ocultamos o atenuamos nuestras diferencias para parecer lo más similares posible al grupo dominante. Encajar consiste en aprender a fundirse con personas que parezcan, piensen y actúen igual que nosotros, excluyendo a todas las demás, razón por la que el equipo directivo de Steve estaba compuesto por individuos que eran exactamente como él.

Su creencia errónea ponía de relieve la tensión paradójica a la que todos nos enfrentamos cuando se trata de pertenecer: queremos ser parte de un grupo y, al mismo tiempo, ser nosotros mismos. La pertenencia real sólo se consigue cuando las cosas que nos vuelven únicos también se valoran dentro del grupo del que formamos parte. La pertenencia es sentir que tu Kabal se acepta y se aprecia, en lugar de tener que esconderlo para parecer igual que todos los demás.

Como le expliqué a Steve, la presión por encajar va en detrimento de la pertenencia. Demasiado a menudo, de manera consciente o no, nos esforzamos por forjar un vínculo con personas que comparten nuestras similitudes, en lugar de retarnos a aprender a superar las diferencias entre nosotros y personas totalmente distintas. Éste es el origen de la «otredad» en las culturas del entorno laboral en las que se separa, aísla e ignora a personas que difieren del grupo dominante.

Además, la monotonía nos cuesta un precio, literalmente. En un estudio de 2019[14] publicado en el *Journal of Vocational Behavior*, se examinó la experiencia de mujeres negras en un entorno laboral dominado por hombres blancos. Las mujeres negras no solían sentirse valoradas ni incluidas en el trabajo y modificaban su identidad para tratar de ocultar o cambiar cómo se presentaban ante la compañía con el fin de encajar. Consideraban que estos esfuerzos las agotaban mental y emocionalmente. El ahínco que debían poner en esconderse reprimía su creatividad e innovación.

Los empleados que se ven presionados a esconder lo que les vuelve únicos suelen experimentar malestar psicológico. Al fin y al cabo, se necesita un gran esfuerzo para ocultar quiénes somos. Todos deseamos sentirnos incluidos en el trabajo, pero queremos conseguirlo sin dejar de ser nosotros mismos. Para disfrutar del beneficio de la diversidad, debemos valorar las diferencias de las personas. Cuando se le asigna a alguien la condición de «semejante» o «extraño» y sólo se invierte tiempo en conocer a personas afines, discriminamos al resto, lo que va en contra de nosotros mismos. La otredad dificulta que los que pertenecen al grupo dominante entiendan las diferencias y las distintas experiencias

---

14. McCluney, C. L. y Rabelo, V. C., «Conditions of Visibility: An Intersectional Examination of Black Women's Belongingness and Distinctiveness at Work», *Journal of Vocational Behavior*, vol. 113, pp. 2019, 143-152, https://doi.org/10.1016/j.jvb. 2018. 09.008

de la vida laboral. Como Steve, muchos líderes que he conocido piensan que desean crear una cultura de pertenencia en el trabajo, pero no se dan cuenta de que dicha pertenencia comienza en las altas esferas.

Para crear una cultura de pertenencia, los líderes como Steve necesitan aprender a superar sus diferencias, sobre todo con compañeros que no estén representados en la directiva. En última instancia, hacerlo beneficiará a Steve y a la compañía en general. Según un estudio de 2020 de la consultora Glint,[15] cuando los empleados sienten una fuerte sensación de pertenencia en el trabajo, las posibilidades de esforzarse al máximo y dar lo mejor de sí se multiplican por seis.

El desafío se encuentra en que los empleados en entornos laborales cada vez más diversos se enfrentan a un cambio revolucionario tras otro desde la pandemia y los líderes no saben lo que necesitan hacer para crear una cultura de pertenencia. Mientras que la mayoría quizá no sepa cómo desarrollar esa sensación de pertenencia en el trabajo, muchos conocen la manera de cambiar para encajar. No obstante, esconder sus diferencias para encajar es agotador e inútil.

El Kabal era un recordatorio diario y doloroso, tanto para los demás como para mí, de que no pertenecía al grupo. Por eso, pensé que, si le suplicaba a mi padre durante el tiempo suficiente, me dejaría ir andando a clase y, de alguna manera, conseguiría que todos se olvidaran del Kabal. No obstante, cada mañana me llevaba a clase. Y cada mañana la señora Anderson me observaba mientras cruzaba el patio para recordarme que alzara la cabeza, es decir, que aceptara y asimilara lo que me volvía diferente. Para desarrollar esa sensación de pertenencia, hay que centrarse en fomentar y recompensar las diferencias de las personas, en lugar de las semejanzas.

Mito 3: pertenecer significa formar parte de un grupo concreto de personas

Quizá parezca contradictorio al principio, pero en muchos estudios se muestra que nuestro sentido de la identidad se desarrolla al formar

---

15. Ramesh, A., «Why Belonging Is Important at Work: Employee Engagement and Diversity», *op. cit.*

parte de un grupo. Los recuerdos, valores e ideas que tengamos sobre nosotros mismos se crean a través de las interacciones y las ideas compartidas con otras personas. Por ejemplo, en 2019, se analizó la experiencia[16] de falta de pertenencia de algunos empleados en el trabajo y se descubrió que perder la sensación de identidad es el problema principal al que se enfrentaban los participantes. Se culpaban por esa falta de pertenencia, lo que afectaba de manera negativa a su confianza y a la capacidad de hacer su trabajo.

Todos y cada uno de nosotros somos producto de nuestras relaciones. Por lo tanto, la sensación de falta de pertenencia a un grupo impactará en nuestra manera de vernos y rendir. Por ejemplo, cuando la sintamos en el trabajo, tenderemos a ocultar nuestra identidad, nos costará forjar relaciones positivas y sentirnos valorados por lo que hacemos.

La falta de pertenencia supone también implicaciones corporativas más profundas. Los empleados discriminados o tratados como «raros» tienen mayores dificultades para colaborar, lo que afecta a la empresa. En un estudio publicado en *Studies in the Education of Adults* en 2004,[17] se muestra que los empleados no pueden aprender ni rendir bien en su trabajo sin sentir cierto grado de pertenencia. Hay una fuerte correlación entre la sensación de aceptación del personal y su disposición a cooperar hacia un objetivo colectivo. No es fácil dar voz a nuestras ideas, experiencias y perspectivas cuando no falta la sensación de pertenencia. Nos perdemos cuando cambiamos quiénes somos para encajar en las normas dominantes y las estructuras de poder en el trabajo que modelan los comportamientos de las personas e influyen en su manera de vestir y hablar. La exclusión social y la conformidad van de la mano.

Zola, la única chica negra en mi clase de primaria, no tardó en demostrarme que pertenecer no es sentir que se forma parte de un grupo

---

16. Waller, L., «Sense of Not Belonging at Work», *Ashridge Hult Research Report*, 2020, consultado el 1 de septiembre de 2022, www.hultef.com/en/insights/research-thought-leadership/research-sense-not-belonging-work

17. Billett, S., «Co-Participation at Work: Learning Through Work and Throughout Working Lives», *Studies in the Education of Adults*, vol. 36, n.º 2, 2004, pp. 190-205, https://doi.org/10.1080/02660830.2004.11661496.

concreto, sino la sensación de que se puede ser uno mismo con independencia del grupo con el que se esté.

Fui al colegio durante el *apartheid*. Zola fue una de las primeras estudiantes negras en asistir a clase durante mi época escolar. A pesar de ser la única alumna de una minoría racial, Zola sabía cómo desarrollar la sensación de pertenencia. Era una alumna becada que siempre sonreía y se llevaba bien con todo el mundo A la hora del almuerzo, solía jugar al *footbag* en el patio con grupos distintos de amigos y, a veces, ella sola.

A menudo, cuando iba de camino al baño para comer, Zola me detenía y me animaba a que me quedara con ella en el patio. Un día, después de clase, una Zola descalza pasó a mi lado mientras esperaba a que llegara el Kabal. «¿Dónde tienes los zapatos?», le pregunté, a lo que me respondió: «No quiero estropearlos. Me queda un largo camino a casa y son los únicos que tengo».

Tras subirme al Kabal, le pedí a mi padre que parara al lado de Zola para llevarla a casa. Recibió la propuesta con una sonrisa y muestras profusas de agradecimiento al subirse a la *pickup* mientras a mí me ardían las mejillas de vergüenza por haberme sentido alguna vez humillada por mi medio de transporte.

Mito 4: a medida que las compañías se vuelvan más diversas, también se volverán más inclusivas

Aunque las compañías se están diversificando en representación demográfica, se están volviendo menos inclusivas. A pesar de que hay cada vez más empleados de minorías raciales y con identidades de género variadas en plantilla, dichos profesionales se sienten marginados y poco valorados. Este fenómeno se conoce como la «paradoja de la diversidad».

Esta paradoja existe porque en la mayoría de los entornos laborales no se valoran las diferencias, sólo se toleran. Por ejemplo, contratar a empleados subrepresentados en una organización quizá demuestre que la compañía acepta la diversidad, pero «aceptar» no es lo mismo que «apreciar».

Cuando las compañías valoran las diferencias, los profesionales sienten que pueden mostrarse tal y como son porque saben que son sus contribuciones únicas lo que más desea la empresa. El informe de McKinsey de 2020, *Diversity Wins: How Inclusion Matters*[18] para el que se entrevistó a más de mil compañías de quince países, indica que el 52 % de los participantes se sentía optimista acerca de la diversidad, frente al 31 %, que se mostraba pesimista. No obstante, en términos de inclusión, sólo el 29 % se sentía optimista frente al 61 %. La diversidad sin inclusión afecta a las empresas. Los empleados que no se sienten incluidos tienen más posibilidades de desvincularse y dimitir. Además, en un estudio de Gallup, se descubrió que cuando sus compañeros excluyen a un empleado,[19] éste reduce su productividad, lo que se estima que le cuesta a la economía estadounidense entre 4500 y 5500 millones de dólares al año.

El miedo que la mayoría de nosotros experimenta hacia la incertidumbre laboral, la recesión económica y los avances tecnológicos hace que nuestra necesidad de sentirnos incluidos se vuelva aún más importante. Nuestra comodidad a la hora de compartir los distintos aspectos de nuestra identidad en el trabajo determina nuestro compromiso, confianza y productividad. No obstante, es difícil compartir ideas cuando nos preocupa que nuestros compañeros juzguen nuestra manera de hablar, en lugar de prestar atención a lo que estamos diciendo.

Atraer talentos diversos a una compañía es distinto a valorar dicho talento. A pesar de querer sentirse conectados, los empleados suelen experimentar aislamiento o exclusión de los grupos sociales informales en el trabajo, lo que es alarmante porque hoy en día pasamos más tiempo trabajando que en cualquier otro momento de la historia de la humanidad. Una semana de trabajo de un estadounidense promedio ha pasado de treinta y cinco horas en 1930 a cuarenta hoy en día.

18. Hunt, V. *et al.,* «Diversity Wins: How Inclusion Matters», McKinsey y Company, 2020, consultado el 1 de septiembre de 2022, www.mckinsey.com/~/media/mckinsey/featured%20insights/diversity%20and%20inclusion/diversity%20wins%20how%20inclusion%20matters/diversity-wins-how-inclusion-matters-vf.pdf

19. Sorenson, S. y Garman, K., «How to Tackle U.S. Employees' Stagnating Engagement», *Gallup*, 11 de junio de 2013, https://news.gallup.com/businessjournal/162953/tackle-employees-stagnating-engagement.aspx

Además, muchas personas dedican muchas más horas. Por ejemplo, en Estados Unidos, los profesionales con jornada completa[20] trabajaban más de 9,3 horas extra en una semana normal en 2017. A medida que aumentan las horas que pasamos en el trabajo, más importante se vuelve que forjemos relaciones laborales, que ahora proporcionan a muchos de sus compañeros el apoyo que solían obtener de su familia y de la comunidad en general.

Por otro lado, cuanto más tiempo pasamos en el trabajo, más satisfacción y plenitud deseamos extraer de él, lo que se consigue cuando gozamos de la sensación de pertenencia.

Como experta en la cultura del entorno laboral, no me centro sólo en la diversidad y la inclusión cuando colaboro con empresas. Estos dos conceptos no son el problema que intentamos resolver. Podemos trabajar en una compañía con un alto grado de diversidad demográfica y que haya empleados que no se sientan incluidos. Se pueden tener entornos laborales inclusivos en los que toda la plantilla se sienta cómoda al hablar, participar en debates o compartir ideas, pero que a la organización le falte diversidad demográfica. Desarrollar un ambiente de trabajo diverso, equitativo e inclusivo se consigue cuando todos aprendemos a valorar las diferencias de los demás, cuando se crea un entorno del que todos podemos formar parte.

Fomentar la sensación de pertenencia en el trabajo comienza por aprender a valorar las diferencias.

Mito 5: la sensación de pertenencia no es necesaria para prosperar

Una fría mañana de otoño, mientras contemplaba el patio, todos los estudiantes formaban filas rectas con una precisión militar. Perfectamente uniformados y aseados, un mar de alumnos permanecía allí de pie, en silencio, esperando a que nos dijeran quién iba a ser prefecto, el equivalente a delegado de clase.

---

20. Thompson, D., «Workism Is Making Americans Miserable», *Atlantic*, 24 de febrero de 2019, www.theatlantic.com/ideas/archive/2019/02/religion-workism-making-americans-miserable/583441/

Ser nombrado prefecto era una verdadera hazaña. Todos los años, los estudiantes y profesores nominaban a los candidatos en función de quién representaba mejor los valores del colegio. Luego, el cuerpo estudiantil y el claustro votaban entre los candidatos finales. La selección de prefectos no era más que un concurso de popularidad. Los estudiantes debían demostrar que habían ido más allá para encarnar el espíritu del colegio. Ser prefecto era la declaración pública de la personalidad de un estudiante y un enorme logro personal.

Por supuesto, yo también quería ser prefecta. Con desesperación. Estaba en el último curso de la escuela primaria; aquel era el año perfecto para serlo. Sin embargo, conseguirlo o no cambiaría poco mi situación. Ya no me escondía en el baño a la hora del almuerzo. Me llevaba bien con todos, incluso con los niños que se metían conmigo. Ayudaba en la cafetería del colegio durante los descansos e iba a la biblioteca todo lo posible. Había comenzado a aplicarme más en los estudios e incluso había descubierto que me gustaban la literatura y las ciencias. Cuidaba de los niños más pequeños y jóvenes en el recreo durante la hora de la comida para asegurarme de que no se quedaban solos. El mejor don que me había proporcionado sentirme fuera de lugar era la capacidad de descubrir cómo ser yo misma y permitir que los demás hicieran lo mismo. Poco a poco había encontrado mi sitio.

Los profesores empezaron a reunirse ante la formación, aunque todos los alumnos sólo tenían ojos para la señora Anderson. A primera hora de la mañana, la condensación formaba una nube de bruma a su alrededor, potenciando su presencia. Carraspeó para aclararse la garganta y dijo: «Vamos a anunciar los prefectos de este año. Felicidades a todos los nominados». Contuvimos el aliento y nos inclinamos hacia ella, expectantes.

«Adele Smith, ¡felicidades! Has sido elegida prefecta de tu curso. Da un paso al frente para aceptar la insignia». «Vale, una menos. Todavía quedan dos», pensé. «Ni de broma me lo van a dar a mí, la chica del Kabal, así que acabemos con esto».

«Stephen Laurie, ¡felicidades! Has sido elegida prefecta de tu curso. Da un paso al frente para aceptar la insignia».

«Y… Michelle King».

El corazón me dio un vuelco. Una exclamación de sorpresa se propagó por la multitud. Otra chica de mi curso llamada Michelle dio un paso al frente, pero la estudiante de su lado tiró de ella y le susurró: «No eres tú». Esa misma estudiante se giró, me señaló y dijo: «Es ella».

Seguía sin comprender lo que estaba ocurriendo cuando la señora Anderson me miró, asintió para darme ánimos y repitió mi nombre: «Michelle King».

Una oleada de cabezas se giró para mirarme mientras el rubor se me extendía por el cuello y la cara. No obstante, no sentí la necesidad de desaparecer por primera vez. En su lugar, me pusé las gafas y alcé la cabeza para mirar a la señora Anderson mientras daba un paso al frente. La directora me colocó la insignia de los prefectos en la chaqueta y me guiñó un ojo mientras susurraba: «No lo olvides, King, cabeza alta».

Pertenecer es subirnos a un Kabal y entrar en el patio de la escuela envueltos en humo, con los hombros rectos y la barbilla en alto porque sabemos que la pertenencia se forja a través del valor que le damos a las características que nos vuelven únicos. Pertenecer es saber que las personas con las que trabajamos también valoran los aspectos de nuestro ser que nosotros mismos apreciamos.

Cuando no desarrollamos una sensación de pertenencia en el trabajo, lo abandonamos. Desde abril de 2021, alrededor de diecinueve mil profesionales estadounidenses[21] han dejado su trabajo (y subiendo). Este éxodo en masa no se limita sólo a un país o sector. En 2021,[22] McKinsey realizó un estudio que incluía a 5774 participantes de Australia, Canadá, Singapur, Reino Unido y Estados Unidos. El 40 % de los empleados afirmó que era probable que dejaran su trabajo entre los próximos tres y seis meses. En torno al 36 % de los participantes dimitieron sin tener otro trabajo esperándolos.

Es probable que este cese generalizado persista, dado que el 63 % de las empresas espera que el problema empeore o continúe a corto

21. De Smet, A. *et al.,* «"Great Attrition" or "Great At Atraction"? The Choice Is Yours», *McKinsey & Company*, 8 de septiembre de 2021, www.mckinsey.com/business-fun ctions/people-and-organizational-performance/our-insights/great-attrition-or-gre at-attraction-the-choice-is-yours

22. *Ibid.*

plazo, aunque muy pocas saben el porqué exacto de la marcha de su plantilla.

La mayoría de las compañías de este estudio creía que las tres razones principales eran el salario, el equilibrio entre la vida y el trabajo y el bienestar. No obstante, según los comentarios de los empleados se llegó a la conclusión de que ninguno de esos problemas se encuentra entre los tres motivos más habituales para dimitir, entre los que se incluían no sentirse valorados por la empresa, no sentirse valorados por sus jefes y no haber desarrollado una sensación de pertenencia.

Cuando no la forjamos, nos sentimos emocionalmente desconectados de nuestro entorno laboral y de las personas con las que lo compartimos, por lo que es más fácil dimitir o desvincularnos de la empresa. Un trabajo se vuelve algo transaccional, una manera de pagar las facturas. En un estudio de 2020 llamado *Fostering Workplace Belongingness Among Employees*, que incluía una encuesta a 390 participantes, se aseguraba que, cuando los participantes tienen un vínculo emocional con su lugar de trabajo, suelen sentirse más apreciados, reconocidos e incluidos en las interacciones sociales.

Una persona deja su trabajo sobre todo por la falta de vínculos emocionales, lo que los investigadores llaman «compromiso afectivo». En un artículo de 2017 publicado en *Review of Applied Psychology*, se muestra que, cuando las personas se sienten conectadas y comprometidas con sus compañeros, presentan mayores niveles de apoyo social, productividad en sus tareas y satisfacción con el trabajo, así como menos estrés y desgaste emocional. Conectamos con las personas con las que colaboramos cuando sabemos que valoran nuestras diferencias.

Es más probable que nos sintamos seguros, respetados y conectados a nuestros compañeros cuando nos valoran por quienes somos. Cuanto más nos incluyan, más probable es que demos nuestra opinión, compartamos ideas y contribuyamos, lo que mejora nuestro rendimiento. La pertenencia es una práctica, una acción que llevamos a cabo para relacionarnos mejor entre nosotros. También es aquello que nos ayuda a entender mejor quiénes somos. En una empresa, la pertenencia es tan importante para el éxito del individuo como para el colectivo. Prosperamos o abandonamos según la sensación de pertenencia a un lugar y a las personas que lo ocupan. Desarrollamos nuestra identidad a través de la conexión con otros individuos, sobre todo en el trabajo. La pertenencia se forja cuando nuestros compañeros de trabajo aprecian lo que valoramos sobre nosotros mismos.

La sensación de pertenencia: la base de leer entre líneas

Hace poco, me reuní con el consejo de una importante empresa de comunicación mundial para hablar sobre los desafíos culturales a los que se estaba enfrentando, incluidos bajos niveles de retención, compromiso, innovación y colaboración de empleados.

En mitad de la reunión, Matthew, el presidente de la compañía, se puso en pie, colocó las manos sobre la mesa, se giró hacia el director de Recursos Humanos y dijo: «¿Cuándo se va a acabar todo esto de la diversidad, la inclusión y la equidad? Quiero centrarme en el trabajo. Estoy cansado de sufrir distracciones. Tenemos que centrarnos en lo importante, ya sabéis, el trabajo de verdad». La pregunta de Matthew es bastante habitual. Muchas personas están hartas de esos tres conceptos.

Matthew no lo sabía, pero la razón por la que su compañía no podía superar sus desafíos culturales, que impactaban de manera negativa en el rendimiento económico de la empresa, era por su idea de que la diversidad, la inclusión y la equidad no tenían que ver con el trabajo de verdad. Gestionar cómo funciona tu entorno laboral es la base de los negocios.

Me he pasado dos décadas investigando sobre la cultura del trabajo, las conductas, normas e interacciones en las que participamos y que componen nuestra experiencia colectiva de la vida laboral. Al mismo tiempo, he trabajado con compañías internacionales de todo tipo para desarrollar una cultura del trabajo que permitiera que todos los empleados se sintieran valorados por su talento, destrezas y diferencias únicos. Lo consigo tras pasar mucho tiempo ofreciendo *coaching* y asesorando a ejecutivos sénior y miembros del consejo, responsables del desarrollo de dicha cultura.

Durante esas dos décadas, he presenciado un aumento en la popularidad de la diversidad, la inclusión y la equidad.[23] Hay compañías

---

23. McKinsey y Company, «Focusing on What Works for Workplace Diversity», 7 de

estadounidenses que se gastan alrededor de 8000 millones de dólares al año en iniciativas relacionadas con esos temas. Aun así, cada año se estima que el 40 % de los trabajadores[24] se sienten aislados y excluidos. Aunque quizá exista una curiosidad genuina por esos tres conceptos, parece que ahí es donde acaba el esfuerzo. En el *State of Diversity Report* de 2018[25] de la consultora Atlassian se muestra que los empleados tienen un 50 % menos de probabilidades de participar en iniciativas de este tipo que el año anterior. Los empleados no se involucran porque se sienten agotados, desilusionados y frustrados con toda esa palabrería sin que se traduzca en acciones.

Las compañías quizá entiendan por qué estos tres aspectos son importantes para el negocio, pero ¿cuántos líderes como Matthew cuentan con un proyecto de cambio o saben cómo practicar la diversidad, la equidad y la inclusión a la hora de hacer su trabajo? Sin entender la importancia de estos conceptos, es difícil creer que influyen en el negocio.

Las culturas no son estáticas. Las creamos día a día a través de los comportamientos y diálogos en los que nos involucramos. Si no sabemos comportarnos de una manera en la que nuestros compañeros puedan desarrollar una sensación de pertenencia, entonces es muy probable que eso nunca ocurra. No es extraño que, cuando la consultora Deloitte entrevistó a 245 compañías,[26] se revelara que el 71 % aspiraba a tener una cultura inclusiva que mejorara el rendimiento del negocio. Aun así, sólo el 11 % de dichas compañías contaba con este tipo de entorno laboral. De hecho, el significado oculto de la pregunta

---

abril de 2017, vídeo (5:48), www.mckinsey.com/featured-insights/gender-equality/focusing-on-what-works-for-workplace-diversity

24. Twaronite, K., «The Surprising Power of Simply Asking Coworkers How They're Doing», *Harvard Business Review*, 28 de febrero de 2019, https://hbr.org/2019/02/the-surprising-power-of-simply-asking-coworkers-how-theyre-doing

25. Atlassian, «State of Diversity and Inclusion in U.S. Tech: Stats Summary, March 2018», consultado el 1 de septiembre de 2022, www.atlassian.com/dam/jcr:c009637c-1335-429d-9181-6a66685b712e/Atlassian_StateofDiversityTech_2018_StatsSummary.pdf

26. PR Newswire, «New Deloitte Research Identifies Keys to Creating Fair and Inclusive Organizations», 10 de mayo de 2017, www.prnewswire.com/news-releases/new-deloitte-research-identifies-keys-to-creating-fair-and-inclusive-organizations-300455164.html

de Matthew, lo que muchas personas tienen miedo a preguntar, aunque quieran hacerlo, es: «¿Por qué deberían importarme la diversidad, la equidad y la inclusión?».

Las compañías necesitan contar con el poder colectivo de muchas mentes brillantes que innoven, creen y resuelvan problemas. No obstante, lo que vuelve brillantes a esas mentes es que no piensan igual. Casi se puede garantizar que, en el futuro, tendremos que aprender a conectar, entender y trabajar con personas que no tengan nuestro mismo aspecto, sensaciones y comportamientos. En Estados Unidos, la Oficina de Estadísticas Laborales predijo que en 2024 se produciría un aumento en la diversidad de los empleados en casi todas las categorías demográficas, como la edad, la raza, la etnia y el género. Colaborar de manera eficaz con los compañeros de equipo requiere aprender a valorar las diferencias y a convertir la pertenencia en una práctica.

En el nuevo mercado laboral se necesita una nueva manera de trabajar. Lo queramos admitir o no, ahora debemos trabajar juntos para prosperar. El éxito individual, definido por los logros individuales, no puede conseguirse a expensas de los compañeros de trabajo. Excluirlos o usarlos para ascender impactará de manera negativa en nuestra capacidad para completar ciertas tareas. Aunque cada uno trabaje de una manera diferente, lo que nos conecta es la necesidad de colaborar para alcanzar metas positivas.

Gracias a mi investigación, he descubierto que las personas que se sienten conectadas a sus compañeros alcanzan sus aspiraciones laborales más rápidamente (y con un mayor equilibrio entre la vida personal y la profesional) al gestionar sus redes informales, compartir información y acceder a oportunidades de desarrollo y progreso. Además, lo hacen de una manera que no sólo les beneficia a ellas, sino también a los individuos con los que colaboran. La capacidad de leer entre líneas nos permitirá conectar con nuestro entorno laboral y encontrar nuestro lugar en él.

2

INTERCAMBIO DE CONFIANZA

Cómo leer entre líneas

El grado de pertenencia al trabajo depende de la naturaleza de nuestras relaciones con nuestro entorno laboral. No solemos considerar nuestro trabajo una relación, pero, al menos en cierto sentido, lo es. En concreto, es una relación recíproca. Intercambiamos nuestro tiempo, energía y experiencia por dinero, progreso y plenitud a un nivel básico. El intercambio sólo ocurre si ambas partes confían la una en la otra, por lo que, a la relación entre el entorno laboral y los empleados, la llamo «intercambio de confianza».

La confianza es difícil de definir, aunque la mayoría recordamos una época en la que trabajamos con alguien que no cumplió con su parte del trato. El otro día leí una cita del magnate de los negocios Warren Buffett que lo resumía bastante bien. Decía: «La confianza es como el aire que respiramos. Cuando está presente, nadie la nota, pero cuando falta, todos lo advierten».

He desarrollado y roto la confianza en entornos laborales. También he trabajado en entornos laborales que me han hecho confiar en ellos y que han roto dicha confianza. Sin ella, es imposible desarrollar una sensación de pertenencia.

Lo he experimentado de primera mano cuando conseguí un puesto importante trabajando en el departamento de Recursos Humanos para una multinacional tecnológica. Esta compañía era increíble y tenía en plantilla a algunas de las personas más talentosas de mi campo. Ganaban salarios desorbitados y gozaban de las mejores ventajas y oportunidades para progresar. Perdí la cuenta de cuántas personas me dijeron que tenía suerte de trabajar allí y que matarían por tener mi puesto.

Yo me sentía afortunada porque era el trabajo de mis sueños. Sin embargo, poco después de unirme a la compañía, advertí que me sentía incómoda constantemente. Todos parecían decir y hacer lo correcto, pero había algo en el ambiente que me provocaba malestar. Durante mi primera semana con la compañía, despidieron a una compañera de mi equipo. Nos dijeron que no rendía lo suficiente. Sin embargo, con el tiempo, se extendieron los rumores de que el rendimiento no hubiera sido el problema. La habían echado porque se la consideraba difícil al haber hablado del acoso y la exclusión que había sufrido dentro del equipo. Entonces, se empezó a despedir a una persona cada semana. Las partidas se anunciaban de manera pública y abrupta.

Algunos compañeros expulsados hablaron conmigo, me dijeron que los habían obligado a firmar contratos de confidencialidad, algo que, en principio, no parecía inusual. A todos los empleados se les pagaba un finiquito, siempre y cuando firmaran un contrato en el que prometieran que nunca dirían nada denigrante sobre la empresa. Sin embargo, lo que enrarecía esa práctica era la cantidad de dinero que se les pagaba. La compañía pagaba un finiquito que oscilaba entre los seis meses y los dos años de salario, con independencia del tiempo que hubieran estado trabajando en la organización. Era una manera eficaz de comprar el silencio de esas personas, sin importar el precio o el riesgo.

Con mi primera investigación aprendí que para entender la cultura de cualquier entorno laboral hay que observar el comportamiento de las personas que están en las altas esferas. Al fin y al cabo, se supone que los buenos líderes marcan la pauta de comportamiento y otras expectativas para todos los empleados de cualquier nivel. Por desgracia, lo mismo ocurre con los malos líderes. Nuestras conductas colectivas componen la experiencia vivida en el trabajo, es decir, la cultura de cada entorno laboral.

En lo que respecta a los líderes en mi entorno laboral, lo que intuía no me gustaba. Durante mi primera semana, asistí a un curso de liderazgo fuera de la sede, lo que me permitió pasar tiempo con jefes de toda la empresa. Por desgracia, todos parecían tener conductas parecidas: los cotilleos, la fanfarronería y la jactancia eran lo habitual. Sin embargo, en las conversaciones individuales, admitían que sólo mostraban esos comportamientos para que se supieran sus logros, lo que creían necesario para mantener su puesto.

Entonces, entendí que aquélla era la cultura del miedo. Como parte de mi trabajo, debía ofecer *coaching* y apoyar a los empleados que tuvieran teniendo problemas con el rendimiento. A medida que pasaban las semanas, las personas con las que trabajaba empezaron a compartir experiencias relacionadas con el racismo, el sexismo, el favoritismo y el acoso, aunque lo cierto que es nadie se sentía lo bastante seguro como para denunciar dichos comportamientos o informar a su supervisor o a Recursos Humanos.

Cuando me contrataron, conocí a Rachel, una de las ejecutivas a las que asesoraría.

«Necesitas cambiar tu manera de vestir: nadie lleva ropa que sea sólo de color negro», me comentó mientras me estrechaba la mano. Era la primera vez que nos veíamos. «Bueno, ¿cuál es tu historia?», continuó. «¿Qué haces aquí?». Me senté y comencé a hablarle de mi pasado profesional, pero no tardó en cortarme. «A nadie le interesan tus cualificaciones o tu experiencia, cariño. Lo importante son los resultados».

Rachel no me hizo preguntas de seguimiento, sino que continuó interrumpiéndome con comentarios hirientes y desprecios. Tocó todos los palillos. Criticó mi bolso y las excentricidades de mi acento. Tiró por tierra mis logros y se burló de mi gusto en materia de zapatos, de del lugar donde vivía, del colegio al que iban mis hijos a clase y del hecho de que mi marido no encontrara trabajo. Rachel hablaba mucho y nunca me dejaba acabar las frases. Empecé a removerme incómoda en el asiento y a mirar con nerviosismo el reloj, deseando que la reunión se acabara. Al final, no pude soportarlo más, por lo que improvisé una excusa lamentable para marcharme. Dije algo sobre que tenía que irme a la siguiente reunión, pero abandoné el asiento y salí por la puerta antes de que tuviera tiempo de contestarme.

Me dirigí al baño más cercano, cerré la puerta de un cubículo y me eché a llorar. Mientras permanecía encerrada en el cubículo, me di cuenta de que me recordaba de mi época en primaria, cuando me estremecía al ver el Kabal esperándome a la salida del patio.

Aquello ocurrió durante la primera semana de trabajo. Con el paso de los meses, Rachel empezó a no invitarme a reuniones antes de fingir que lo había hecho cuando ya se habían acabado, lo que me hacía parecer descuidada por no haber asistido. Incluso empezó a hablar mal de mí a mis compañeros. En una ocasión memorable, me conecté a una llamada de Zoom antes de tiempo, con la cámara y el micrófono apagados, mientras esperaba a que los demás se unieran. Rachel debió de pensar que estaba silenciada, porque estaba teniendo una conversación por teléfono con un compañero en la que me dedicaba varios insultos y se reía de mi manera de vestir.

Avergonzada y humillada, reuní el valor para contárselo a mi jefa tras la reunión. «¡Qué raro!», contestó. «Rachel siempre ha sido agradable conmigo. Tiene mucha experiencia. Espero que podáis resolverlo».

Me sentí totalmente invalidada. Durante nueve meses, intenté volver a tratar el tema con mi jefa. Cada vez que compartía mi experiencia, la ignoraba, intentando darle la vuelta a la situación o dando excusas ilógicas para que pensara que nada de eso estaba ocurriendo. Empecé a pensar que tenía razón, a sentirme cohibida sobre lo que llevaba puesto y el tiempo que hablaba en las reuniones. Incluso comencé a guardar y marcar los correos sobre las reuniones para acordarme de cuáles me habían informado y de cuáles no. Cuestionaba mi propio juicio y valor. Poco a poco, perdí la confianza en mí misma. Al final, dejé de hablar en las reuniones y compartir ideas.

La situación no cambió hasta que, un día, un compañero, James, habló conmigo a solas. Me preguntó: «Michelle, ¿qué te pasa? No has dicho nada en la última reunión y sé que tienes tu propia opinión sobre lo que hemos tratado».

Respiré hondo para contener las lágrimas. En ese momento entendí que debía dejarlo. Si no podía ser yo misma en la empresa ni me valoraban, aquel no era el ambiente en el que poder hacer un buen trabajo. Simplemente no había encontrado mi sitio en esa organización.

Cuando avisé de mi decisión, la jefa tuvo la osadía de parecer asombrada.

«¿Por qué haces esto? Nadie ha dejado nunca nuestra empresa. Estás cometiendo un grave error». No me sentía lo bastante segura como para contarle la verdad: que habían roto mi confianza y que no era algo que pudiera recuperar por mí misma o que quisiera hacer con ella. Le había hablado en múltiples ocasiones sobre el acoso y ella, de manera explícita, lo había invalidado siempre.

Durante las dos semanas de preaviso, tuve que reunirme con Rachel una última vez para hacer el traspaso. Estaba a punto de irme cuando dijo: «Echaré de menos trabajar contigo, Michelle. Siento haber sido difícil. Lo cierto es que creía que no necesitábamos a alguien de tu nivel, pero supongo que sí. Sé que me he portado mal».

Una semana después, durante mi reunión de despedida con mi jefa, ella también se disculpó: «Te invalidé. Sabía que te estaba acosando, pero no quería hacer nada porque tiene mucha experiencia y me complicaría la vida. Lo siento».

Durante mi último día, el director ejecutivo me envió un correo electrónico. Sólo era una frase que decía: «Lo siento, nos esforzaremos más». Demasiado escueto. Demasiado tarde.

Conseguí un trabajo nuevo. Dos meses después, despidieron tanto a Rachel como a mi jefa.

Rachel no era digna de confianza porque no logré confiar en los motivos tras su comportamiento. No pude predecir por qué hacía lo que hacía. Para estar segura, tuve que asumir que, con cualquiera de sus acciones, Rachel no buscaba mi felicidad. Hay múltiples definiciones de «confianza», pero, desde mi punto de vista, todas se pueden resumir en una sola palabra: previsibilidad. Confiamos en las personas cuando su comportamiento es coherente y se puede predecir por qué se comportan como lo hacen. Entenderlo facilita la capacidad de intuir cómo se van a comportar en el futuro. Confiamos en los entornos laborales y en las personas con las que trabajamos cuando sabemos cómo es probable que se comporten y creemos que actúan con nuestros intereses en mente. Cuando decidimos unirnos a una empresa, nos enfrentamos a la incertidumbre y el riesgo que conlleva un compromiso sincero. Necesitamos confiar en que nuestro trabajo duro se verá recompensado económicamente y con oportunidades de progreso.

Sin embargo, el intercambio de confianza no sólo implica estos beneficios tangibles. Cuando formamos parte de una compañía, también queremos encontrar aprobación, apoyo, plenitud profesional, propósito y pertenencia. Cuando recibimos esos beneficios intangibles, es evidente que se puede confiar en ese entorno laboral, por lo que seguimos dedicándole nuestro tiempo. La confianza genera confianza.

Todos deben cumplir su parte del trato para que el intercambio de confianza funcione. Al fin y al cabo, la confianza es lo que conecta a las personas con el entorno y entre sí. Para que un individuo desarrolle una sensación de pertenencia, debe confiar en su lugar de trabajo y sus compañeros.

Si quieres saber si confías o no en tu entorno laboral, dedica unos instantes a plantearte las siguientes preguntas:

- ¿Sabes cómo se espera que se comporten los empleados en el trabajo? ¿Esas conductas te hacen sentir incluido, respetado y aceptado por las personas que eres?
- ¿Te sientes a gusto hablando de tus emociones?
- ¿Los desacuerdos en la compañía se tratan de manera abierta?
- ¿Confías en la competencia y la capacidad de las personas con las que trabajas?
- ¿Deseas dar voz a tus opiniones, hacer preguntas y compartir tus ideas?
- ¿Sientes que puedes ser tú mismo, en lugar de esconder o cambiar tu identidad para tratar de encajar en el trabajo?
- ¿Te sientes incluido en los grupos sociales o las redes informales en tu trabajo?
- ¿Sientes que sabes lo que está ocurriendo y tienes acceso a la información informal que necesitas para sacar adelante tus tareas?
- ¿Crees que tu organización está comprometida con tu desarrollo y que puedes acceder a oportunidades de aprendizaje y crecimiento?
- ¿Crees que tus compañeros desean apoyarte y defender tu progreso profesional?

Lo más probable es que no confíes del todo en tu entorno laboral si has respondido negativamente a varias o a todas las preguntas. Por desgracia, la mala noticia es que muchos trabajadores no confían en sus compañeros. Según una encuesta de Edelman en 2020,[1] de entre las treinta y tres mil personas entrevistadas en más de veintiocho países, una de cada tres no confiaba en su empresa.

Un entorno laboral que no confía en los empleados tiene más posibilidades de contar con reglas, políticas y procedimientos excesivos. Según las investigaciones,[2] los bajos niveles de confianza en el entorno laboral aumentan la burocracia y, a cambio, limitan la creatividad, la responsabilidad individual, la innovación y la proactividad del personal. No obstante, un entorno laboral que confíe en sus trabajadores es probable que tenga menos reglas y políticas. En una organización de confianza, será más fácil que su plantilla desarrolle una sensación de pertenencia, lo que significa que es más probable que comparta información, reconozca sus errores, colabore con eficacia y apoye las ambiciones de sus miembros.

Leer entre líneas es la manera de generar confianza en el trabajo. Es necesario porque los entornos laborales se están volviendo cada vez menos formales y más democráticos, lo que requiere un alto grado de confianza para abrirse paso por ellos. En un estudio de 2017,[3] llamado *Exploring the Future Workplace: Results of the Futures Forum Study*, en el que se examinaba el futuro del trabajo, se afirmaba que, cada vez con más frecuencia, las organizaciones se están autogestionando con equipos autónomos y un ambiente informal. La toma de decisiones se está descentralizando. Además, el rendimiento personal ya no depende de nuestros logros individuales, sino que se evalúa en equipo. Los compañeros, no el jefe, serán quienes opinen y decidan de manera colectiva

---

1. Edelman, «2019 Edelman Trust Barometer: Executive Summary», consultado el 3 de septiembre de 2022, www.edelman.com/sites/g/files/aatuss191/files/2019-02/2019_Edelman_Trust_Barometer_Executive_Summary.pdf

2. Alston, F. y Tippett, D., «Does a Technology-Driven Organization's Culture Influence the Trust Employees Have in Their Managers?», *Engineering Management Journal*, vol. 21, n.º 2, pp. 3-10, 2009, http://doi.org/10.1080/10429247.2009.11431801

3. De Bruyne, E. y Gerritse, D., «Exploring the Future Workplace: Results of the Futures Forum Study», *op. cit.*

nuestro rendimiento anual. Este análisis se basará en lo bien que hayamos trabajado juntos, lo mucho que confíen en nosotros y viceversa.

Confianza y entornos laborales híbridos: el vínculo perdido

Cuando la confianza desaparece, todos lo advierten. La confianza impacta en todos los aspectos de la vida laboral. Rachel fue la primera en romperla, pero luego perdí la fe en mi jefa, el director ejecutivo y mis compañeros. Ya no creía que mi entorno laboral tuviera en cuenta mis intereses. Según las investigaciones, el nivel de confianza en nuestros compañeros afecta a la calidad de nuestras relaciones, lo que influye en la sensación de pertenencia, productividad, satisfacción laboral y bienestar. La confianza valida lo que hacemos y cómo lo hacemos.

En los estudios también se ha examinado el efecto de la confianza y se ha descubierto que su presencia lleva a un rendimiento mejorado de cada individuo, del equipo y de la organización. Hay una serie de resultados beneficiosos[4] que se extraen de la confianza entre compañeros. Según un artículo de *Harvard Business Review* de 2017, las personas que trabajan para empresas que confían en sus empleados saben cómo colaborar, compartir ideas, apoyarse y trabajar juntos, de ahí que estas organizaciones registren:

- Un 74 % menos de estrés
- Un 40 % menos de desgaste
- Un 13 % menos de días de baja
- Un 106 % más de energía en el trabajo
- Un 76 % más de participación
- Un 50 % más de productividad
- Un 29 % más de satisfacción con su vida que los profesionales que trabajan en entornos con baja confianza

---

4. Zak, P. J., «The Neuroscience of Trust: Management Behaviors That Foster Employee Engagement», Harvard Business Review, enero-febrero de 2017, https://hbr.org/2017/01/the-neuroscience-of-trust

Según esta investigación, también sabemos que los empleados que más confían en su empresa[5] tienen un salario medio un 10,3 % mayor que aquellos que sólo confían hasta cierto punto en su compañía. La confianza no sólo mejora las ganancias potenciales de un empleado, sino que también es fundamental para el funcionamiento de una organización. En un estudio de 2016 de PricewaterhouseCooper,[6] el 55 % de los directores ejecutivos afirmó que la falta de confianza amenaza el crecimiento de una empresa.

La conclusión de todo esto es que lo que hagamos y cómo lo hagamos depende de cuánto confiemos en nuestro entorno laboral y lo mucho que éste confíe en nosotros. Nuestra relación con él es un contrato social recíproco, uno que ambos debemos cumplir para generar confianza.

Los empleados ofrecen su tiempo, energía y destrezas a cambio de dos tipos de recompensa, las extrínsecas y las intrínsecas. Las primeras incluyen aspectos como las pagas extra o el salario, que suelen satisfacer de manera evidente. No obstante, las recompensas intrínsecas, que incluyen la confianza que depositen los empleados en sus compañeros o la sensación de pertenencia, son mucho más difíciles de conseguir porque son intangibles. No obstante, a la larga, es más importante que la empresa proporcione recompensas intrínsecas porque tienen un papel esencial en el compromiso de los empleados, su satisfacción en el trabajo y su retención.

En un estudio de 2019 de la consultora EY, se descubrió que las tres razones principales[7] por las que las personas gozaban de la sensación de pertenencia eran lo mucho que los empleados confiaban en su entorno laboral, lo dispuestos que se sentían a ser ellos mismos, dar su opinión y compartir información, y el valor que creían que se les daba a sus contribuciones. Quizá nos unamos a una empresa por el dinero,

---

5. *Ibid.*

6. PwC, «19th Annual Global CEO Survey, January 2016: Redefining Business Success in a Changing World», consultado el 3 de septiembre de 2022, www.pwc.com/ee/et/publications/CEOSurvey/pwc-19th-annual-global-ceo-survey.pdf

7. Twaronite, K., «Five Findings on the Importance of Belonging», *Ernst & Young Global Limited*, 11 de mayo de 2019, www.ey.com/en_us/diversity-inclusiveness/ey-belonging-barometer-workplace-study

pero, para permanecer en ella, debemos desarrollar una sensación de pertenencia. Las personas tienen un 50% menos de probabilidades[8] de abandonar su puesto y un 167% más de posibilidades de recomendar su empresa como lugar de trabajo si sienten dicha sensación de pertenencia, según el estudio de 2020 *The Value of Belonging at Work*, de la plataforma de *coaching* y liderazgo BetterUp. Nos unimos a un entorno laboral en el que esperamos que nuestra experiencia y tiempo conlleven todos los beneficios que se enumeran en el contrato, como la paga y las ventajas. Cuanto mayores son nuestros logros, mayores son los beneficios tangibles que esperamos obtener, pero hay un límite en el crecimiento de nuestro salario. Al final, lo que nos mantiene conectados a un entorno laboral es la sensación de pertenencia.

Rachel me había acosado durante meses y se lo había contado a muchas personas, como la jefa y el jefe de la jefa. Deberían haber intervenido, pero su inactividad rompió mi confianza, lo que imposibilitó el desarrollo de la sensación de pertenencia. Cuanto menos sentía que podía ser yo misma y encontrar mi sitio, menos confiaba en que las personas con las que trabajaba iban a aceptar mi verdadero yo. La confianza determina la fuerza de nuestra relación con nuestro entorno laboral. Cuando se rompe, nos alejamos.

En un estudio de 2019 publicado en la revista académica *Nonprofit Management and Leadership*, se mostraba que, cuando a las personas se las trata de forma justa,[9] es más probable que disfruten de esa sensación de pertenencia, lo que les hace pensar que su entorno laboral es digno de confianza. El intercambio de confianza es recíproco porque nuestro nivel de confianza en el entorno laboral y viceversa determina nuestra experiencia en la empresa. Por ejemplo, cuando una persona nos acosa en el trabajo, no sólo daña nuestra relación con

---

8. Kellerman, G. R. y Reece, A., «The Value of Belonging at Work: Investing in Workplace Inclusion», BetterUp, consultado el 3 de septiembre de 2022, https://grow.betterup.com/resources/the-value-of-belonging-at-work-the-business-case-for-investing -in-workplace-inclusion-event

9. Knapp, J. R. *et al.*, «The Belonging Model of Trust», *Nonprofit Management and Leadership*, vol. 30, n.º 1, pp. 133-153, mayo de 2019, https://doi.org/10.1002/nml.21370

ella, sino que, según cómo reaccione el entorno, forjará o romperá nuestro vínculo con la empresa.

Las normas y conductas diarias e informales en las que se involucran los trabajadores generan o disminuyen la confianza porque dichos comportamientos nos informan de lo que valoran los demás y, por lo tanto, nuestro entorno laboral. Es menos probable que se genere confianza en una cultura laboral en la que se prioriza ganar cueste lo que cueste, según informa un estudio académico de 2004[10] publicado en *American Behavioral Scientist*. La cultura de ganar cueste lo que cueste valora los resultados a corto plazo y los logros individuales, en lugar de las soluciones duraderas y el bienestar colectivo.

Es mucho más probable que la confianza mutua se genere en culturas que valoren las relaciones íntimas, la cooperación y la reciprocidad. Un entorno laboral que tolere a acosadores como Rachel es una empresa que respalda la cultura de la crueldad. No podemos confiar en los compañeros si trabajamos en una compañía que no aprecia la confianza.

Necesitamos entornos laborales que la valore. Los negocios se enfrentan a cambios sin precedentes como la globalización, la competencia cada vez mayor, los avances tecnológicos y la diversificación de clientes y empleados. Conseguir que empleados con distinto bagaje cultural trabajen juntos, compartan información y experiencia y valoren las contribuciones de los demás requiere un alto grado de confianza. Sin embargo, en un estudio de 2016[11] de la consultora Edelman se descubrió que uno de cada tres empleados no confía en su entorno laboral. Aunque estas conclusiones no pueden empeorar mucho más, el modelo híbrido actual[12] dificulta aún más el desarrollo de la confianza. Según las investigaciones, ciertas condiciones como el teletra-

---

10. Cameron, K. S. *et al.*, «Exploring the Relationships Between Organizational Virtuousness and Performance», *American Behavioral Scientist*, vol. 47, n.º 6, pp. 766-790, febrero de 2004, https://doi.org/10.1177/0002764203260209

11. Edelman, «2022 Edelman Trust Barometer», consultado el 28 de septiembre de 2022, www.edelman.com/trust/2022-trust-barometer/special-report-trust-work place

12. Cameron, K. S. *et al.*, «Exploring the Relationships Between Organizational Virtuousness and Performance», *op. cit.*

bajo o el modelo híbrido complican la colaboración entre personas. Por ejemplo, es más difícil que los empleados forjen una relación de manera virtual porque hay menos oportunidades y tiempo para que se conozcan y participen en conversaciones casuales no relacionadas con el trabajo.

Lo peor es que el teletrabajo limita nuestra capacidad[13] para advertir el lenguaje no verbal, como las expresiones faciales o el tono de voz. Estos indicios nos ayudan a evaluar la confianza, calidez, empatía e interés de una persona. En las situaciones presenciales, como una reunión de equipo, es mucho más fácil analizar este tipo de señales, hacer preguntas personales, compartir información no relacionada con el trabajo y, en última instancia, desarrollar vínculos. En un estudio académico de 2005[14] publicado en la revista *Strategic Change*, se examinó la confianza de los equipos remotos y se descubrió que, dado que la comunicación se hace de manera virtual, se vuelve más complicado advertir los indicios sociales, leer entre líneas y generar confianza.

No obstante, como se espera un futuro en el que el teletrabajo o el modelo híbrido se vuelvan habituales, en lugar de ser la excepción, debemos aprender de manera más deliberada a generar confianza.

Cómo funcionan los entornos laborales: los cuatro sistemas informales más importantes

En la introducción de este libro, he hablado de cuatro sistemas informales que componen nuestra experiencia en la vida laboral: redes, información, desarrollo y oportunidades de progreso informales. En cualquier entorno de trabajo, estos cuatro sistemas informales son importantes cuando se trata de intercambiar confianza porque representan los aspectos que las personas más valoran en la vida profesional. Queremos gozar de una sensación de pertenencia, lo que sólo se pro-

---

13. Henttonen, K. y Blomqvist, K., «Managing Distance in a Global Virtual Team: The Evolution of Trust Through Technology-Mediated Relational Communication», *Strategic Change*, vol. 14, n.º 2, pp. 107-119, abril de 2005, https://doi.org/10.1002/jsc.714

14. *Ibid.*

duce cuando nos incluyen en redes informales en el trabajo. Deseamos entender nuestro entorno laboral y cómo contribuir a él, lo que requiere acceso a información informal. También queremos saber si, con nuestro trabajo duro, accederemos a oportunidades de desarrollo informales y a la ayuda necesaria para avanzar.

A lo largo de mi carrera, me he encontrado con los cuatro sistemas informales y he aprendido a abrirme paso por ellos a través de ensayo y error. Sin embargo, estas experiencias sólo tuvieron sentido cuando empecé a investigar los cuatro sistemas informales que sustentan el funcionamiento de los entornos laborales. Una de estas experiencias ocurrió a inicios de mi trayectoria, cuando supervisé una reunión del comité ejecutivo, un encuentro anual entre los ejecutivos sénior de la compañía. Mi trabajo era dar apoyo al director ejecutivo y a la directora de Recursos Humanos. Entre mis funciones se encontraba participar en la sesión, además de gestionar todos los otros aspectos de la reunión.

Un mes antes de dicho encuentro, recibí un informe completo de Jo, la directora de Recursos Humanos, cuyo trabajo era asegurarse de que el evento de dos días saliera redondo. Mi jefa incluso me dio una carpeta de tamaño folio llena de notas en la que se detallaba el proceso de gestión del evento: en ella se incluía la hora de llegada y salida al aeropuerto de cada asistente, la confirmación del hotel y las preferencias alimentarias. Nos pasamos semanas preparando el evento. Como éramos los anfitriones, gestioné el programa y el contenido de la reunión, la logística, el *catering*, el alojamiento y la experiencia en general. Era una oportunidad de desarrollo muy codiciada porque me daba la posibilidad de estar en la misma sala que algunos de los líderes principales de la compañía.

Trabajé duro para preparar la sesión y me aseguré de aprenderme la carpeta de pe a pa. Taché todos los elementos de la lista de cosas por hacer. El primer día no hubo ninguna complicación y, cuando la reunión acabó, frente a todos los asistentes del evento, Jo me preguntó: «Michelle, ¿te vienes con nosotros a cenar?».

Entré en pánico. No me había preparado para aquello. «Lo siento, no, no puedo acompañaros», contesté, tratando de declinar la invitación de manera elegante. «Aún tengo que redactar las actas y prepararme para el programa de mañana».

Jo asintió, pero insistió: «Sería bueno que nos acompañaras a cenar, Michelle. No te preocupes por las notas». Solté un suspiro de alivio ante sus palabras de ánimo y acepté la invitación.

Al día siguiente, llegué mucho antes de la reunión para redactar las actas, pero sólo conseguí completar la mitad de la tarea. Según lo que había dicho Jo el día anterior, supuse que nadie me pediría que las presentara.

Cuando todos se hubieron sentado, Jo dijo delante de toda la sala: «Michelle, proyecta en la pantalla las notas y acciones de la reunión de ayer».

Sentí que palidecía cuando todos los ejecutivos dejaron lo que estaban haciendo, se giraron y me miraron. A duras penas, sonrojada y a punto de echarme a llorar, presenté las notas y acciones sin terminar. Con todos los ojos fijos en mí, me percaté de que muchos asistentes negaban con la cabeza y soltaban suspiros de frustración. Supe que, a pesar de todo el esfuerzo, aquél sería el momento que me definiría.

Cuando Jo dijo: «No te preocupes por las notas», lo que quería que entendiera era que las notas no son tan importantes como conocer a las personas de mi alrededor. De manera indirecta, me estaba diciendo que cuidar las relaciones es igual de esencial que hacer mi trabajo, una recomendación de que fuera a la cena. ¿De qué servía hacer un trabajo excelente si ninguno de los miembros del comité sabía quién era? Jo seguía necesitando las notas, pero también deseaba que aprovechara la recompensa de poder conseguir contactos de manera informal con las personas que podrían decidir mi siguiente etapa profesional.

Sin embargo, no había anticipado que fueran a invitarme a cenar y no supe sacar el máximo partido de esa experiencia informal. Si hubiera sabido cómo funcionaba en realidad el entorno de trabajo, esos cuatro sistemas informales que componen cualquier entorno laboral, habría comprendido lo crucial que era hacer contactos de manera informal y cómo conseguirlos. Quizá incluso habría anticipado que Jo quería que fuera a la cena y me habría preparado o le habría propuesto yo misma asistir a dicha cena porque habría sabido cómo leer entre líneas.

Para hacer esto último de manera eficaz, debemos hacer visibles los sistemas informales e invisibles de nuestro entorno laboral. Aunque muchas compañías tengan políticas o procesos formales sobre cómo compartir la información o conseguir un ascenso, hay sistemas informales que sustituyen a dichos procedimientos. Se pueden cumplir todos los aspectos que aparezcan en la política y los procesos formales para conseguir un ascenso, pero, si no se cuenta con el respaldo de las personas que toman las decisiones, no es probable que ocurra.

Nos gustan las políticas y los procesos formales porque creemos que aportan justicia a los entornos laborales. Según un artículo de 2018 publicado en *Asia Pacific Management Review*,[15] a algunos empleados les gustan dichos procedimientos porque tener estándares tangibles sobre cómo se ficha, compensa y asciende a los profesionales de una empresa lleva a la creencia de que la organización es justa. No obstante, ninguna política puede garantizar el apoyo de nuestros compañeros para que progresemos. Podemos asistir a todos los eventos formales sobre desarrollo de liderazgo y *networking*, pero los empleados sólo intentarán forjar relaciones con personas en las que confían.

Da igual lo formal que sea un entorno laboral, los cuatro sistemas informales existen en todas las organizaciones porque son sistemas que generan o rompen la confianza.

Por ejemplo, ¿tu compañía hace que te sientas incluido? ¿Tienes acceso a la información que necesitas para hacer tu trabajo? ¿Tienes oportunidades de desarrollo y progreso? ¿Crees que tu entorno laboral tiene en mente tus intereses? Todas estas preguntas son ejemplos de la relación entre los sistemas informales y la confianza. Cuando no sabemos interpretar los cuatro sistemas informales, es difícil que los demás confíen en nosotros porque no pueden predecir nuestra conducta. Aunque hubiera gestionado todos los aspectos de la reunión del comité ejecutivo a la perfección, mi fracaso a la hora de forjar relaciones informales con sus miembros habría impedido que me conocieran. El intercambio de confianza depende de que todos sepamos cómo cumplir nuestra parte del acuerdo cuando se trata de forjar relaciones, compartir información y respaldar el desarrollo y el progreso de los

---

15. Jena, L. K. *et al.,* «Pursuit of Organisational Trust: Role of Employee Engagement, Psychological Well-Being and Transformational Leadership», *Asia Pacific Management Review*, vol. 23, n.º 3, pp. 227-234, agosto de 2018, http://doi.org/10.1016/j.apmrv.2017.11.001

demás. En otras palabras, debemos saber cómo hacer que nuestro entorno laboral funcione para todos nosotros.

Cuando Jo me invitó a la cena, pensé que debía ir por cortesía. Claro, quizá conocer a los líderes con más experiencia influyera en mi carrera, pero me sentí obligada a ir. Lo que no comprendí en esa interacción fue que pasar tiempo con las personas de mi compañía haría que desarrollara una sensación de pertenencia. Cuando conocemos a distintos grupos de personas, como compañeros de un proyecto, equipos sénior de liderazgo o colaboradores directos, entendemos sus objetivos comunes, comportamientos y valores. Tras esta comprensión, decidimos si nos sentimos conectados o no a nuestro entorno laboral (hasta qué punto coincidimos con los líderes, los empleados, los valores, la misión y el propósito de la compañía) y si deseamos seguir trabajando allí. En un estudio publicado en 2014 por *Personnel Psychology*,[16] se revisó la bibliografía relacionada con la identidad de las personas en el entorno laboral. El estudio afirmaba que era más probable que desarrollaran una relación positiva con el trabajo cuando había similitudes entre su carácter (incluidos los objetivos, las normas, las conductas y los valores) y el entorno laboral. Cuando nos identificamos con la empresa,[17] tenemos más posibilidades de ser felices, rendir mejor y permanecer más tiempo en ella porque nos sentimos comprometidos con las personas que la conforman. Cuanto más nos identifiquemos con nuestro entorno laboral, mayor conexión sentiremos con él.

En mis investigaciones he descubierto que, cuando las personas trabajan en el mismo grupo, como el comité ejecutivo, crean redes informales o grupos sociales para colaborar de manera más eficaz. Las redes informales incluyen cualquier relación que desarrollemos y mantengamos en el trabajo y que no se formalice a través de la jerarquía corporativa, como la relación formal que se tiene con un jefe. La mayoría de las compañías ofrecen eventos formales para hacer contactos,

16. Oh, I. S. *et al.*, «Fit Happens Globally: A Meta-Analytic Comparison of the Relationships of Person- Environment Fit Dimensions with Work Attitudes and Performance Across East Asia, Europe, and North America», *Personnel Psychology*, vol. 67, n.º 1, pp. 99-152, primavera de 2014, https://doi.org/10.1111/peps.12026

17. *Ibid.*

como grupos afines, comunidades de aprendizaje, grupos de recursos para empleados, reuniones y comités de ejecutivos, pero lo único que se consigue con estos eventos es juntar a las personas para que desarrollen una red informal de contactos, se conozcan y decidan si van a trabajar juntos y cómo van a hacerlo.

Las redes informales son importantes. Su solidez, que depende de nuestra capacidad para generar confianza, determina el respaldo que obtendremos de cara a un proyecto, un consenso en una decisión crucial, la presentación de personas influyentes y el apoyo en nuestra siguiente etapa laboral. Según los estudios, demostrar sensibilidad[18] ante las necesidades y los intereses de las personas (leer entre líneas) es esencial para generar confianza porque todos quieren sentir que se les tiene en cuenta y se les presta atención. Tomarse tiempo para conocer a los compañeros y lo que les importa, igual que valorar su perspectiva única y sus aspiraciones, hace que se sientan entendidos, lo que refuerza la confianza.

En resumen, la creación de redes informales es la clave para el éxito en el trabajo. Según un estudio de 2018, publicado en *Academy of Management Journal*, la mayoría de los gerentes exitosos[19] dedican un 70 % más de tiempo a las actividades de desarrollo de contactos y un 10 % más comunicándose con sus homólogos menos exitosos.

Las redes informales también tienen un impacto significativo en nuestra capacidad de acceder a información valiosa y oportunidades profesionales y de desarrollo. Según las investigaciones, alrededor del 70 % de los trabajos[20] no se publican ni están disponibles para el público general. Como consecuencia, el 80 % de los puestos vacantes se cubren a través de las redes informales. Nuestra capacidad para inno-

---

18. Alston, F. y Tippett, D., «Does a Technology-Driven Organization's Culture Influence the Trust Employees Have in Their Managers?», *Engineering Management Journal*, vol. 21, n.º 2, pp. 3-10, 2009, DOI:10.1080/10429247.2009.11431801.

19. Seibert, S. E. *et al.*, «A Social Capital Theory of Career Success», *Academy of Management Journal*, vol. 44, n.º 2, pp. 219-237, abril de 2001, DOI:10.2307/3069452.

20. Fisher, J. F., «How to Get a Job Often Comes Down to One Elite Personal Asset, and Many People Still Don't Realize It», *CNBC*, 27 de diciembre de 2019, www.cnbc.com/2019/12/27/how-to-get-a-job-often-comes-down-to-one-elite-personal-as set.html

var, crear y conseguir el siguiente puesto depende de nuestra destreza al desarrollar una red informal.

Además, las redes informales nos dan acceso a datos informales necesarios para hacer nuestro trabajo. La información informal incluye datos compartidos de manera casual en cafés virtuales o copas después del trabajo, por ejemplo, donde se descubre quién apoya o no una decisión corporativa y qué miembros del equipo se llevan mejor. Ahí quizá incluso comprendamos cómo nos ven nuestros compañeros. Cualquiera que haya empezado a trabajar en una nueva empresa durante la pandemia sabrá que los primeros pasos en un entorno laboral virtual son complejos porque apenas hay oportunidades para acceder a la información informal necesaria para entender cómo funciona la organización.

En un estudio de 2013[21] publicado en el *Journal of Information and Knowledge Management*, se descubrió que los empleados tienen más posibilidades de compartir información valiosa cuando confían en sus compañeros porque saben que pueden mostrar su verdadero yo sin peligro. La calidad y la variedad de las relaciones sociales que desarrollemos en el trabajo influye en la calidad y la variedad de la información informal a la que tengamos acceso, como los cambios que están produciéndose en la empresa o las oportunidades laborales que existen, así como el motivo de la toma de ciertas decisiones y las personas que las respaldan. A medida que se consigue acceso a esos datos informales a través de las relaciones laborales, se desarrolla un «conocimiento corporativo». Según las investigaciones, el conocimiento corporativo, que se entiende como la manera en la que funciona un entorno laboral, se obtiene con el intercambio de información informal. Es el factor más importante a la hora de reaccionar a ciertos cambios en el trabajo porque influye en nuestro nivel de comprensión sobre:

- Con quién tenemos que trabajar y cómo colaboramos con esas personas para completar la tarea

---

21. Evans M. M., «Is Trust the Most Important Human Factor Influencing Knowledge Sharing in Organisations?», *Journal of Information & Knowledge Management*, vol. 12, n.º 4, pp. 1-17, 2013, https://doi.org/10.1142/S021964921350038X.

- Qué oportunidades informales existen en el entorno laboral y con qué apoyo contamos para acceder a ellas
- Quién desea respaldar nuestro próximo paso profesional y defendernos
- Cómo conseguir apoyos si no los tenemos

Debemos leer entre líneas continuamente porque la información informal no deja de cambiar. El conocimiento corporativo no es inamovible. Cuando seamos conscientes de la existencia del lado informal de la vida laboral y lo entendamos, habremos desarrollado el conocimiento corporativo necesario para gestionar nuestra manera de hacer el trabajo. Forjamos y mantenemos dicho conocimiento con los datos informales a los que accedemos a través de nuestras relaciones laborales.

Las relaciones laborales no sólo nos dan acceso a información informal, sino que también influyen en nuestra capacidad para desarrollar nuevas habilidades. Incluso cuando las organizaciones cuentan con procesos formales para asignar las tareas, según mis investigaciones, estas compañías siguen basándose en recomendaciones informales cuando se decide quién consigue los mejores proyectos. Nos gusta trabajar con las personas a las que ya conocemos porque confiamos en ellas. Para conseguir que el resto nos apoye, necesitamos demostrarle que merecemos la pena porque somos personas dignas de confianza. Es lo que en el mundo académico se conoce como el «principio de la reciprocidad»: «Recibimos lo que damos».

Según distintos estudios,[22] cuando creemos que nuestros compañeros de equipo valoran nuestras contribuciones y se interesan por nuestro bienestar, trabajamos más duro y rendimos mejor en nuestro trabajo para devolver el favor del apoyo recibido. De igual manera, si sentimos que nuestros compañeros de equipo no nos apoyan, sólo miran por sí mismos o han traicionado nuestra confianza, es más probable que holgazaneemos como venganza.

---

22. Hekman, D. R. *et al.*, «Combined Effects of Organizational and Professional Identification on the Reciprocity Dynamic for Professional Employees», *Academy of Management Journal*, vol. 52, n.º 3, pp. 506-526, junio de 2009, http://doi.org/10.5465/AMJ.2009.41330897

El principio de la reciprocidad es la regla no escrita para conseguir la visibilidad necesaria que nos permite acceder a oportunidades de desarrollo. Cuando mostramos preocupación por nuestros compañeros, compartimos información, trabajamos duro e incluimos a los demás, estamos cumpliendo con nuestra parte del trato y es más probable que confíen en nosotros, lo que nos hace sentirnos respaldados y facilita la sensación de pertenencia. Las personas sólo nos apoyarán si confían en nosotros. Cuando defendamos el desarrollo profesional de nuestros compañeros dedicando tiempo a ofrecerles consejos, contactos y oportunidades, generaremos confianza.

La confianza debe ser bilateral. Sí, necesitamos poder confiar en las personas con las que trabajamos y, para eso, la compañía debe tener en mente nuestros intereses, pero también nuestros compañeros deben poder confiar en que van a conseguir algo a cambio al dedicarnos tiempo y energía.

Para avanzar en el trabajo, necesitamos tener de nuestro lado a personas que van a defender nuestro desarrollo y progreso, lo que me gusta llamar «defensores profesionales». Pocas veces las decisiones de desarrollo o ascenso dependen sólo de los méritos. No somos la suma de nuestros logros. Nuestra motivación, valores, personalidad e identidad influyen en la manera de alcanzar metas, que es más importante que las metas en sí mismas.

Conseguir un ascenso requiere más que altos niveles de rendimiento. O un mentor, alguien que nos da consejos y directrices. Ni siquiera es suficiente con tener un mecenas, la persona que quizá nos ayude a acceder a conexiones y oportunidades valiosas. Para ascender, se necesita un defensor profesional, alguien con interés en nuestro éxito, que desee ofrecernos comentarios sinceros y directos, que anuncie nuestros logros y argumente a favor de nuestro desarrollo y progreso.

Los defensores profesionales son importantes,[23] como indica el estudio de 2011 de Center for Work-Life Policy *The Sponsor Effect: Breaking Through the Last Glass Ceiling*, donde se muestra que las personas que progresan cuentan con el respaldo de individuos influyentes que

---

23. Hewlett, S. A. *et al.*, *The Sponsor Effect: Breaking Through the Last Glass Ceiling*. *Harvard Business Review*, Boston, 2010.

inspiran y guían sus carreras profesionales. Este respaldo facilita peticiones como un ascenso o un aumento, puesto que la mayoría de las personas sin defensores profesionales evita hablar con su supervisor sobre el tema. Por el contrario, cuando lo tienen, la mitad de los participantes sí que plantea dicha posibilidad. De este modo, para conseguir un aumento o ascenso, necesitamos entender quiénes están de nuestro lado y lo que dicen de nosotros estos defensores profesionales cuando no estamos presentes. Y, lo más importante, debemos aprender a devolver el favor y respaldar a los demás.

Conciencia y compromiso:
cómo aprendemos a leer entre líneas

Cuando leemos entre líneas, dejamos entrever a nuestros compañeros que somos dignos de su confianza porque nuestra conducta permite que los demás sepan que tenemos en mente sus intereses.

Aprender a leer entre líneas requiere dos elementos esenciales: la conciencia y la participación. En primer lugar, se desarrolla la conciencia y la comprensión de cómo funcionan los entornos laborales al conocer los cuatro sistemas informales: redes, información, desarrollo y oportunidades de desarrollo informales.

No son los aspectos formales de nuestro entorno laboral, como las políticas o procesos reglados, los que impactarán en el éxito de nuestra carrera. Si conseguir un ascenso fuera tan fácil como terminar una carrera, seguir una política o proceso o hacer al pie de la letra todo lo que aparece en la descripción del trabajo, todos seríamos directores ejecutivos. No obstante, una cosa es entender cómo funciona el entorno laboral y otra saber cómo hacer que éste se adapte a tus necesidades.

Para desarrollar o mantener las redes informales, debemos involucrarnos a menudo en prácticas que generen conexiones significativas en el trabajo. Por lo tanto, la segunda parte esencial de aprender a leer entre líneas es la participación, que incluye la comprensión de cómo abrirse paso en esos cuatro sistemas informales. En los siguientes capítulos, revelaré cómo funciona cada uno de ellos y qué conductas (lo que yo llamo «prácticas») necesitaremos presentar para participar en la creación de relaciones, la gestión de información compartida y el acceso a oportunidades profesionales y de desarrollo. No es suficiente con saber cómo funciona el entorno laboral; lo que cuenta es lo que se haga con ese conocimiento.

Según mis investigaciones, todos difieren en su nivel de conciencia y participación. Nuestra capacidad para leer entre líneas suele coincidir con nuestros años de experiencia laboral porque nuestra conciencia sobre los cuatro sistemas informales (el conocimiento tácito) tarda un tiempo en desarrollarse. En esencia, cuando se trata de leer entre líneas, existen cuatro categorías en las que se clasifica la mayoría de las personas, como se ilustra en la figura 1.

Aprender a leer entre líneas

	Ingenuidad	**Práctica activa**
Alta	Los individuos son conscientes de que, en un entorno laboral, existen cuatro procesos informales, pero deciden no leer entre líneas para abrirse paso por ellos.	Los individuos son conscientes de que, en un entorno laboral, existen cuatro procesos informales y saben cómo leer entre líneas para abrirse paso por ellos.
	Estado de negación	**Práctica activa por defecto**
Baja	Los individuos no son conscientes de que, en un entorno laboral, existen cuatro procesos informales o los niegan y deciden no leer entre líneas para abrirse paso por ellos.	Los individuos no son conscientes de que, en un entorno laboral, existen cuatro procesos informales, pero saben cómo leer entre líneas para abrirse paso por ellos.

Conciencia (eje vertical)

Baja   **Participación**   Alta

Figura 1. Aprender a leer entre líneas

Los individuos son conscientes de que, en un entorno laboral, existen cuatro procesos informales, pero deciden no leer entre líneas para abrirse paso por ellos.

Por ejemplo, al principio de la carrera profesional, se puede caer en la categoría de «estado de negación» en cuanto a la importancia de gestionar la manera de trabajar. Esto se debe, entre otras cosas, a que nos gusta creer que los entornos laborales son justos, transparentes y meritocráticos. Queremos convencernos de que avanzaremos sólo gracias a nuestros logros. Es más fácil confiar en las compañías cuando tenemos claros los procesos, por lo que nos aferramos a la idea de que, al centrarnos en nuestras tareas y cumplir nuestras obligaciones según la descripción del puesto, estaremos haciendo un buen trabajo.

No obstante, eso depende de nuestra definición de lo que es un buen trabajo. Sí, en el pasado bastaba con cumplir los requisitos laborales de los puestos inferiores a la gerencia para avanzar. Sin embargo, los entornos laborales han cambiado de forma drástica en la última década, sobre todo después de la pandemia. Las organizaciones con un modelo híbrido se están volviendo cada vez más ambiguas por todas las razones que he descrito en la introducción. Todos debemos gestionar el lado informal de la vida laboral, con independencia de nuestro puesto en la jerarquía corporativa. Aunque lo neguemos, no deja de ser verdad. Hacer un buen trabajo requiere gestionar nuestros logros y la manera de conseguirlos.

Entre tres y cinco años después de haber iniciado la carrera profesional, es probable que empecemos a entender cómo funcionan los sistemas informales en nuestra compañía y lo que debemos hacer para abrirnos paso por ellos. No obstante, tal vez aún no sepamos que es algo en lo que tenemos que participar de manera activa. En ese momento, algunas personas prefieren no involucrarse en prácticas que conlleven leer entre líneas porque no quieren abandonar la idea de que basta con hacer un buen trabajo. Al fin y al cabo, «leer entre líneas» no aparecía en la descripción del puesto cuando lo aceptaron.

Lo que pasan por alto es que hacer un buen trabajo supone leer entre líneas. Gestionar el qué y el cómo es la nueva definición de éxito porque nuestra manera de trabajar valida los logros. Estos individuos suelen mostrarse ingenuos sobre el impacto negativo que tendrá en su vida profesional la decisión de no leer entre líneas.

Desde la gerencia en adelante, la mayoría de los puestos requiere la capacidad de lidiar con lo informal. Se debe, entre otras razones, a que, a medida que se progresa en la escala corporativa, se necesita trabajar con otras personas para alcanzar metas. Aprender a leer entre líneas y gestionar el lado informal de la vida laboral se vuelve una habilidad esencial. Cuando una persona tiene a su cargo a otras, saber leer entre líneas es esencial porque determina su capacidad de colaborar con ellas. Quizá no sepa por qué hacen lo que hacen o cómo funciona exactamente el sistema informal, pero entienden cómo abrirse paso por él de manera casi intuitiva. Lo han aprendido con la metodología de «ensayo y error», observando a individuos que han tenido éxito y a otros que han fracasado, así como a la plantilla sénior que ha compartido sus conocimientos y experiencia sobre sus relaciones con el trabajo y el entorno laboral.

En torno a los cinco y diez años tras el inicio de la carrera profesional, comienzan a surgir los futuros líderes de una organización. Lo que diferencia a las estrellas emergentes de los demás es que han aprendido a leer entre líneas. Constantemente, las personas destinadas a ocupar futuros puestos de liderazgo leen entre líneas al aprender cómo funcionan los sistemas informales y al participar en los comportamientos necesarios para abrirse paso por ellos. Hay pocas excepciones a esta regla en el mercado corporativo. Algunos puestos técnicos, por ejemplo, quizá estén exentos porque requieren un alto grado de especialización y muy pocas interacciones en el día a día. Aun así, incluso en esos puestos, como expliqué en la introducción, cada vez es más importante contar con cierta capacidad para leer entre líneas porque requieren las habilidades sociales y emocionales para gestionar los cambios, tomar decisiones complejas y trabajar con los demás para alcanzar metas. Mientras tanto, en los trabajos que consisten en múltiples tareas rutinarias, como la corrección, la contabilidad o la introdución de datos, quizá no se necesite la capacidad de leer entre líneas, pero este tipo de oficios es probable que se vea sustituido por la automatización en el futuro, de ahí que leer entre líneas sea algo de lo que todos se pueden beneficiar, con independencia de su profesión.

Al fin y al cabo, no importa qué clase de trabajo tengamos, el cambio puede pasar por nuestra vida o podemos ser nosotros los líderes que lo creemos.

Cómo te beneficia leer entre líneas:
confianza y capital social

En muchos libros o revistas de negocio se sugiere que lo único que se necesita para prosperar es hacer amigos e influir en ellos para que respalden nuestro progreso. No se trata de lo que sabemos, sino de a quién conocemos, así que sal ahí fuera y haz contactos entre personas importantes.

No obstante, con este consejo se asume que las relaciones son unilaterales y se ignora que, igual que un bosque, los entornos laborales son comunidades de individuos que trabajan juntos.

Cuando gestionamos nuestra manera de trabajar, desarrollamos y mantenemos capital social. Según un estudio de 1997,[24] publicado en la revista *Economic Development and Cultural Change*, el capital social depende de que los individuos gocen de interacciones frecuentes, compartan información útil y sigan el principio de la reciprocidad al estar dispuestos a ayudarse entre sí. Ningún sistema informal es más importante que otro; necesitamos los cuatro.

Los investigadores que analizan el capital social[25] han descubierto que nuestro capital social puede medirse según el grado de confianza que tengamos en las relaciones con los demás. Por ejemplo, en un contexto laboral, la confianza que una persona deposite en nosotros influye en lo dispuesta que esté a colaborar, a compartir sus contactos, recursos e información y a defender nuestro progreso. Cuando gestionamos los cuatro sistemas informales, desarrollamos el capital social que necesitamos para progresar en nuestra carrera, así como nuestras conexiones en el trabajo.

La confianza quizá sea el vínculo entre los trabajadores y los entornos laborales, pero lo que falta en el intercambio de confianza es la conciencia y la comprensión de cómo generar dicha confianza. En los

---

24. Narayan, D. y Pritchett, L., «Cents and Sociability: Household Income and Social Capital in Rural Tanzania», *Economic Development and Cultural Change*, vol. 47, n.º 4, 871-897, julio de 1999, https://doi.org/10.1086/452436.

25. Requena, F., «Social Capital, Satisfaction and Quality of Life in the Workplace», *Social Indicators Research*, vol. 61, n.º 3, pp. 331-360, marzo de 2003, https://doi.org/ 10.1023/A:1021923520951

siguientes capítulos, revelaré cómo funcionan estos cuatro sistemas informales y, lo que es más importante, qué acciones (lo que yo llamo «prácticas») se pueden llevar a cabo para desarrollar la confianza, abrirse paso por los aspectos informales y gestionar la nueva normalidad en el trabajo.

3
REDES INFORMALES

Cómo conseguir consejos y apoyos que definan tu carrera

Argumentos para la implementación
de una nueva estrategia al hacer contactos

A lo largo de mi carrera, cada vez que he tenido que empezar a trabajar para una nueva compañía, jefe o compañero, como parte de mi.proceso de iniciación, me han mostrado el organigrama corporativo de la empresa, un diagrama que ilustraba su estructura, con los puestos, los títulos, los rangos y la jerarquía. Sólo necesitaban unos minutos para explicarme la estructura formal. El verdadero desafío era desarrollar la conciencia de las relaciones informales que existían más allá de dicha estructura. ¿Quién estaba conectado con quién con independencia de sus títulos formales? ¿A qué miembros del equipo les gustaba trabajar juntos? ¿Cuál era la intensidad de esas relaciones? ¿En quién podía confiar?

Aunque todas las compañías tengan una estructura formal reflejada en el organigrama corporativo, conocer las redes informales que se encuentran bajo la superficie puede ser mucho más complicado. Existen en entornos laborales que no sean rígidos, ya que surgen de manera orgánica. Los empleados excluidos de una red formal (como cuando Rachel me excluía a mí) pueden hablar del tema con su jefe o con Recursos Humanos. Sin embargo, no recibir la invitación para formar parte de una reunión informal tras el trabajo no es algo que suelan gestionar las empresas.

Las redes informales son relaciones interpersonales no oficiales que tenemos en el trabajo. No se muestran en el organigrama corporativo formal, sino en los mapas mentales de nuestras relaciones, imágenes o representaciones visuales de las personas con las que estamos conectados. Al contrario, las redes oficiales son relaciones que dependen de contratos formales, jerarquías, subordinación y estructuras corporativas. Las redes formales se suelen establecer de forma oficial dentro de la compañía. Es fácil reconocer a sus miembros porque la disposición es clara.

Se nos vende la idea de que sólo hay un tipo de redes, las formales, que se desarrollan al tomarnos una copa después del trabajo, asistir a conferencias o presentarnos de forma incómoda ante personas cualesquiera para poder entregarles una tarjeta de visita. Ésa es la farsa formal de la vida laboral porque las redes informales, los contactos que tienen un impacto más significativo en nuestra carrera, no se crean en eventos formales, sino cuando vamos a tomarnos un café con un compañero o dedicamos unos minutos cada mañana a mantener una charla trivial por Zoom con otros miembros del equipo. Estos pequeños actos, con el tiempo, ayudan a fortalecer las conexiones necesarias en el trabajo. Todas las relaciones informales que forjemos pasan a formar parte de nuestra red informal, que incluye a las personas con las que contactamos en busca de información, consejos, apoyo y los recursos requeridos para llevar a cabo nuestras tareas. Nuestra capacidad de sacar adelante el trabajo depende de las conexiones que cultivemos.

Tras más de tres décadas de investigación,[1] se ha descubierto que las conexiones informales que se crean en el trabajo nos ayudan a encontrar empleo, acceder a oportunidades de desarrollo y ascenso y aumentar las ganancias futuras. Las redes informales nos ofrecen capital social en forma de consejo, apoyo e información. Según un estudio de 2016,[2]

---

1. McGuire, G. M. y Bielby, W. T., «The Variable Effects of Tie Strength and Social Resources: How Type of Support Matters», *Work and Occupations*, vol. 43, n.º 1, pp. 33-74, Agosto de 2015, https://doi.org/10.1177/0730888415596560
2. Methot, J. R. *et al.*, «Are Workplace Friendships a Mixed Blessing? Exploring Tradeoffs of Multiplex Relationships and Their Associations with Job Performance»,

el 30 % de los empleados asegura tener una conexión estrecha en el trabajo. Las relaciones cercanas proporcionan a la plantilla ayuda, recomendaciones y acceso a información, lo que aumenta la productividad, la retención de trabajadores y la satisfacción. Las probabilidades de involucrarse en sus tareas se multiplican por siete en el caso de los profesionales con relaciones íntimas[3] en el trabajo en comparación con los que no cuentan con este tipo de relaciones. Algunas personas ofrecen directrices, otras proporcionan apoyo mental y emocional y unas últimas comparten sus conocimientos, experiencias y datos.

En 2020, se publicó mi primer libro, *The Fix*. Durante ese primer año, hablé del libro en muchos eventos, exactamente en 482. La mayoría fueron virtuales. En todos, el público tenía la oportunidad de hacerme preguntas. La primera siempre solía ser: «¿Por qué es tan difícil contratar talento diverso?». Ante eso, les explicaba que la manera más habitual de acceder a un trabajo es a través de las redes informales. Como he dicho en el segundo capítulo, cerca del 70 % de los trabajos no se anuncia ni está disponible para el público general. Por lo tanto, el 80 % de los puestos vacantes se cubre gracias a dichas redes. Cuando tengo una vacante en mi equipo, ¿a quién es más probable que me dirija para que solicite ese puesto? Si eres director de Recursos Humanos y te cuesta contratar talento diverso para tu empresa, quizá sea un indicio de que tus redes informales no gozan de diversidad.

En el pasado, tener una red informal «exclusiva», en la que los miembros eran muy parecidos entre sí y no desarrollaban relaciones con personas diferentes, no importaba. Por lo general, los hombres blancos dominaban (y siguen haciéndolo) los puestos de liderazgo en las compañías y en la mayoría de los estudios se ha descubierto que sus redes eran exclusivas. La expresión «círculo de hombres» describe el fenómeno por el que los hombres blancos suelen desarrollar relaciones informales con personas similares a ellos, excluyendo a todas las demás.

Al contar con redes informales exclusivas, suelen ofrecerles información útil, oportunidades de desarrollo y el respaldo necesario para

Personnel Psychology, vol. 69, n.º 2, pp. 311-355, abril de 2015, https://doi.org/10.1111/peps. 12109

3. *Ibid.*

conseguir un ascenso sólo a los miembros de esa red porque son las personas a las que conocen y en las que confían. No es raro que nos gusten personas parecidas a nosotros porque suele ser más fácil entenderlas. Es sencillo predecir cómo se comportarán individuos similares o lo que valorarán, por lo que la confianza se genera más rápidamente. Sin embargo, el precio a pagar de la organización no sólo es la falta de equidad y diversidad, sino de pensamiento grupal, dado que las personas del mismo entorno y con la misma perspectiva suelen enfocar las tareas de la misma manera, limitando la innovación, la creatividad y la capacidad de resolver problemas complejos.

Aunque exista la tentación de pensar que el «círculo de hombres» pertenece al pasado, no es cierto. En un estudio publicado en un artículo de 2021 de *Harvard Business Review* llamado «Research: We're Losing Touch With Our Networks», se afirma que, en parte, gracias al modelo híbrido,[4] la diversidad de las redes individuales ha disminuido casi un 16 % porque antes era más probable que las personas conectaran con contactos existentes, como aquellos que se sentaban a su lado a la hora de comer, que con las personas que no conocían. Este descenso ha afectado sobre todo a los hombres, cuyas redes han disminuido un 30 %, mientras que las de las mujeres se han mantenido estables. Aunque tener una red exclusiva podía funcionar en el pasado, el mercado laboral ha cambiado. No diversificar nuestra red de contactos no es una opción.

Nuestra capacidad de hacer nuestro trabajo requiere el desarrollo y la retención de una amplia variedad de conexiones. Por ejemplo, según un estudio de 2011[5] publicado en un artículo de *Harvard Business Review*, llamado «A Smarter Way to Network», los ejecutivos que forman parte constantemente del 20 % de mejores trabajadores de su empresa, en lo relacionado tanto con el rendimiento como con el bienestar de los empleados, cuentan con redes diversas, compuestas por personas de distintos entornos, puestos y niveles dentro de la organización. Además, en un estudio de 2012[6] publicado en *MIT Sloan*

---

4. King, M. y Kovács, B., «Research: We're Losing Touch with Our Networks», Harvard Business Review, 12 de febrero de 2021, https://hbr.org/2021/02/research-we-re-losing-touch-with-our-networks

5. *Ibid.*

6. LinkedIn Corporate Communications, «Eighty-Percent of Professionals Consider Net-

Management Review, titulado «Cultivating an Inclusive Culture Through Personal Networks», se descubrió que las personas con redes más diversas no sólo tenían más probabilidades de ascender y permanecer en la empresa durante más tiempo, sino que la diversidad de su red les permitía resolver problemas de forma más innovadora y creativa. Necesitamos mentorías, mecenazgo, consejos y *coaching* profesional de una amplia variedad de personas porque así es como se obtiene mayor multiplicidad de apoyos, necesaria para superar los desafíos a los que nos enfrentamos al otro lado.

Aunque las redes exclusivas de hombres tal vez funcionaran en el pasado, ya no es una estrategia eficaz para el desarrollo profesional. Como sabe cualquier director de Recursos Humanos con problemas para contratar a personas con talento de grupos subrepresentados, la mayoría de los líderes sólo se relacionan con personas parecidas a ellos.

La motivación para desarrollar una red informal diversa es sencilla: la necesitamos. Sin ella, no nos resultará fácil sobrevivir. Los cambios constantes que producen los avances tecnológicos, la globalización, las estructuras corporativas alterables y la diversificación de talentos y clientes nos obligan a contar con la capacidad de aprender nuevas destrezas. Hoy en día las carreras no tienen límites porque no dejan de aparecer nuevos trabajos. Según las investigaciones, la mayoría de los empleados cambiará de trabajo cada cuatro años y medio.[7] En un entorno laboral cambiante, necesitaremos ser flexibles y dinámicos, además de estar dispuestos a aprender nuevas habilidades para que sigamos siendo trabajadores valiosos y esenciales para la empresa.

Como consecuencia, ya no le corresponde a nuestro entorno laboral gestionar nuestra trayectoria profesional, sino a nosotros. Para sobrevivir, debemos actualizarnos y redirigir nuestras habilidades para enfrentarnos a los cambios de la compañía. En el nuevo mercado laboral, tener una gran variedad de individuos que defiendan nuestra carre-

----

working Important to Career Success», *LinkedIn Pressroom*, 22 de junio de 2017, https://news.linkedin.com/2017/6/eighty-percent-of-professionals-consider-networking-important-to-career-success

7. De Janasz, S. C. *et al.,* «Networks and Career Success: Lessons for Turbulent Times», *Academy of Management Perspectives*, vol. 17, n.º 4, pp. 78-91, noviembre de 2003, https://www.jstor.org/stable/4166008

ra nos permitirá aprovechar la amplia gama de oportunidades que nos puede ofrecer. Según un estudio de 2013[8] de Ron Burt, un sociólogo reconocido internacionalmente, basado en múltiples investigaciones supervisadas por expertos, tener una red abierta, en lugar de exclusiva, es el indicador principal del éxito profesional. Apoyarnos en la red exclusiva de los hombres para conseguir el próximo ascenso u oportunidad laboral ya no es suficiente.

Leer entre líneas: las tres redes informales que necesitas

Siempre había asumido que no se me daba demasiado bien hacer contactos porque soy una persona introvertida y prefiero estar sola en lugar de rodeada de gente. Sin embargo, según un estudio de *MIT Sloan Management Review* de 2002,[9] la personalidad no es tan importante como se cree a la hora de forjar relaciones. Las personas con redes informales de gran calidad no son ni extrovertidas ni introvertidas, sólo hacen las cosas de manera diferente. Para empezar, no se centran sólo en completar tareas, sino que «leen entre líneas», planteándose de forma constante cómo sacar adelante el trabajo, desarrollando de manera intencionada y sistemática sus redes informales. Evalúan qué relaciones deberían fortalecer y pasan tiempo poniéndose al día con diferentes personas de su red informal y ampliándola al conocer a nuevos contactos. Estos individuos siempre parecen tener una lista de personas con las que planean reunirse o conectar.

Además, en un estudio de 2008 publicado por *Organizational Dynamics*, se analizaron las redes de los empleados entre el 20 % de los profesionales con mejor rendimiento de la organización y se llegó a la

---

8. Simmons, M., «The N.º 1 Predictor of Career Success According to Network Science», *Forbes*, 15 de enero de 2015, https://www.forbes.com/sites/michaelsimmons/2015/01/15/this-is-the-1-predictor-of-career-success-according-to-network-science/?sh=6bfde549e829.

9. Cross, R. *et al.*, «Six Myths About Informal Networks–and How to Overcome Them», *MIT Sloan Management Review*, vol. 43, n.º 3, p. 67, abril de 2012, https://sloanreview.mit.edu/article/six-myths-about-informal-networks-and-how-to-overcome-them/.

conclusión de que éstos entendían a sus contactos y su papel dentro de sus redes. También pasaban tiempo desarrollando las conexiones para poder ampliar su experiencia y conseguir avanzar en su carrera. Cuando no conocemos las redes informales con las que contamos, no entendemos qué relaciones existentes necesitan nuestra atención o dónde pasar tiempo para desarrollar otras nuevas.

Saber a quién dirigirnos y para qué es el punto de partida para comprender cómo funciona nuestra red. Según los investigadores, hay muchos tipos de redes informales, como las sociales (personas con las que nos juntamos en el trabajo) o de conocimiento (personas con las que compartimos información). Sin embargo, cuando se trata de gestionar la manera de trabajar, a través de mis investigaciones he descubierto que hay tres tipos de redes: la de asesoramiento, la de respaldo social y la de información. Todas ellas ofrecen a los empleados el capital social que necesitan para destacar en el trabajo.

Redes informales de asesoramiento

Aunque tenemos más acceso que nunca a la información,[10] según un estudio de 2020 publicado en *MIT Sloan Management Review*, las posibilidades de que incluso los ingenieros y los científicos recurran en busca de información a amigos o compañeros antes que a fuentes impersonales como Google se multiplican por cinco.

Nuestra red informal de asesoramiento se compone de las personas a las que nos dirigimos en busca de consejo sobre un desafío o problema que estemos experimentando en el trabajo, ya sea cómo conseguir apoyo para una idea o cómo lograr que nos aprueben un ascenso. El consejo recibido no se obtiene de forma estructurada a través de encuestas de rendimiento, sino de manera casual, gracias a charlas improvisadas, conversaciones por Slack o llamadas por Zoom. Es mucho más fácil pedirle a un compañero cercano directrices que preguntarle al jefe por qué no tenemos que preocuparnos de que nos considere un mal trabajador.

---

10. *Ibid.*

Cuando nos unimos a una compañía, desarrollar una red de asesoramiento es esencial para entender cómo hacer nuestro trabajo por que los consejos que recibamos de esta red informal encierran el conocimiento tácito que necesitamos para completar las tareas. Por ejemplo, piensa en tus inicios en una empresa y en las personas que te ayudaron a entender el argot de la compañía, cómo proponer una idea y conseguir apoyos de cara a una decisión importante. Luego, anota el nombre de todas las personas a las que te dirigiste en busca de consejos similares en el trabajo. Todas juntas conforman tu red informal de asesoramiento.

Redes informales de respaldo social

La red informal de respaldo social está compuesta por las personas a las que nos dirigimos en busca de ánimos, apoyo o ayuda ante desafíos profesionales o personales. Incluye a aquellos individuos con los que solemos hablar de sentimientos y están ahí en los buenos momentos, como un ascenso, y en los malos, como cuando corremos el riesgo de que nos despidan.

Según las investigaciones, mientras que la red de asesoramiento aumenta nuestro conocimiento tácito a través de las directrices recibidas, las redes de respaldo social, además de incrementar dicho conocimiento, mejoran el rendimiento. Se debe a que nos proporcionan un apoyo emocional esencial, como enfrentarnos a la soledad asociada al teletrabajo, y consejos de desarrollo, como aprender a colaborar con un jefe exigente. Cultivar la red informal de respaldo social es importante porque nos proporciona los consejos necesarios para superar desafíos que pueden afectar negativa o positivamente a nuestro desarrollo profesional. Su relevancia reside en que están compuestas de las personas en las que confiamos cuando queremos compartir un asunto delicado, relacionado tanto con el ámbito profesional como con el personal. Nos guardan secretos y son justos, suelen evitar los cotilleos y no se sienten amenazados por el éxito del resto. Estos individuos se interesan menos por los detalles jugosos y más por dar soluciones variadas.

Al desarrollar una red informal de respaldo social, es importante incluir a las personas en las que creamos que podemos confiar, dado que tendremos que contar con ellas para hacerles confidencias mientras mantienen nuestros intereses en mente, y que, a la vez, ofrezcan buenos consejos sobre los desafíos profesionales.

Redes informales de información

Cuando trabajamos con otras personas, según las investigaciones, desarrollamos modelos mentales, imágenes que aparecen en nuestra mente, de los compañeros en cuanto a su experiencia, habilidades, preferencias y debilidades.

Para que los equipos funcionen de manera eficaz, sus miembros necesitan saber cómo pueden contribuir, a quién dirigirse, para qué y cómo trabajar todos juntos. Estos modelos mentales representan nuestras redes informales de información. Suelen componerse de las personas con las que se charla cerca del dispensador de agua, aquellas a las que nos dirigimos en busca de información sobre cómo funciona el entorno laboral informal. Entre los datos que se pueden extraer de ellas están quién se lleva bien con quién, qué cambios están ocurriendo a gran escala en la compañía, cómo esos cambios pueden afectarnos y en quién buscar apoyo para una tarea o proyecto. Las redes informales de información facilitan el trabajo en equipo y el desarrollo de una sensación de pertenencia.

Las redes informales de información crecen con el tiempo a medida que entendemos con quién hablar y para qué. Los modelos mentales representan nuestra comprensión de quién es quién en el trabajo y qué relaciones tienen nuestros compañeros. Necesitamos dicha información para comprender cómo colaborar con ellos, ya que la mayoría de las tareas que se llevan a cabo se hacen en compañía de otras personas. La información se comunica por la red a mayor velocidad,[11] dado que sus miembros saben a quién dirigirse y suele ser precisa entre el 75 y el 90 % de los casos. Sin embargo, los investigadores han descubierto que

11. Davis, K., «Grapevine Communication Among Lower and Middle Managers», *Personnel Journal*, vol. 48, n.º 4, pp. 269-272, abril de 1969.

los supervisores[12] sin una red informal de información tienen un 50 % menos de posibilidades de acceder a información creíble que aquellos que cuentan con dichas redes, lo que impacta de manera negativa en su rendimiento.

A medida que nuestro entorno laboral cambia reduciéndose, adoptando el modelo híbrido o modificando los papeles a causa de los avances tecnológicos, nuestra relación con el trabajo también cambia. Las redes informales no son estáticas. Hay que dedicarles tiempo y esfuerzo porque no dejan de evolucionar. Todas las redes informales ofrecen un tipo distinto de capital social (información, respaldo social o asesoramiento) necesario para rendir y prosperar en el trabajo. Para desarrollar redes informales, necesitamos ser conscientes de la existencia de los tres tipos e involucrarnos en prácticas que nos ayuden a crear y mantener estas conexiones.

El croquis de tu red: las cinco prácticas

En 1932,[13] el psiquiatra Jacob Levy Moreno investigó los motivos por los que, en sólo dos semanas, un número significativo de chicas de catorce años había huido de la Hudson School for Girls. Según un artículo de 2014 publicado en *Slate*[14] por el hijo de Moreno, Jonathan Moreno, en lugar de investigar cada caso por separado, su padre colocó el nombre de las catorce chicas en un diagrama visual para ilustrar cómo se influyeron entre sí para escapar. Al mostrar estas conexiones informales, el doctor Moreno demostró la relación entre las conexiones individuales y los resultados grupales, lo que, en última instancia, ayudó al colegio a abordar la epidemia de fugitivas. El nombre técnico que le dio el psiquiatra a su mapa es «sociograma», una ilustración gráfica de las relaciones de una persona. El trabajo del doctor Moreno

---

12. Mishra, K., «Managing the Grapevine», *Public Personnel Management*, vol. 19, n.º 2, pp. 213-228, junio de 1990, https://doi.org/10.1177/009102609001900209

13. Moreno, J. D., «Social Networking Didn't Start at Harvard», *Slate*, 21 de octubre de 2014, https://slate.com/technology/2014/10/j-l-moreno-a-psychologists-30s-experiments-invented-social-networking.html

14. *Ibid.*

ha tenido una gran influencia en la comprensión de las redes personales y sociales. Páginas como Facebook tienen como base un sociograma. Sin embargo, a diferencia de Facebook, un sociograma no sólo refleja las conexiones compartidas, sino también la fuerza de dicha relación y la naturaleza de la asociación, es decir, lo estrecho o vago que es el vínculo.

Cuando hacemos un croquis de nuestra red, creamos un mapa de las personas dignas de nuestra confianza, lo que también nos informa de quién no lo es. Por ejemplo, las chicas de catorce años que decidieron huir confiaban las unas en las otras y, gracias a la solidez de su relación y las conexiones que compartían con otras chicas, el doctor Moreno pudo predecir quién se escaparía a continuación.

Hacer un croquis de nuestra red es esencial porque así somos conscientes de nuestras conexiones. Así aprendemos a leer la red al ver con quiénes estamos conectados y lo diversos, beneficiosos y estrechos que son nuestros contactos. Con esta conciencia, podemos empezar a conducir acciones y desarrollar relaciones que nos falten y ver por qué no tenemos la información, el respaldo y los consejos necesarios para alcanzar el éxito.

Cualquiera puede leer, desarrollar y mantener sus redes informales al hacer un croquis de estas mismas, lo que conlleva cinco prácticas para leer entre líneas.

Práctica 1: hacerlas visibles

Seas o no consciente de ella, todos tenemos una imagen mental única de las relaciones de nuestro entorno laboral, pero el mapa de algunas personas es más riguroso que el de otras. La precisión de nuestras redes informales es la capacidad para decidir de manera correcta el tipo de conexiones que compartimos con nuestros compañeros (es decir, los contactos para asesoramiento, respaldo social e información). No obstante, también hace referencia a la capacidad de determinar de forma correcta el tipo, la solidez y la naturaleza de las conexiones informales de nuestros compañeros. Cuando tenemos una comprensión clara de los miembros de nuestro equipo en los que podemos confiar, sabemos quiénes trabajarán, colaborarán y se apoyarán. Podemos leer entre líneas porque sabemos en quién confiar.

Cuando interpretamos las relaciones, es más sencillo predecir cómo se coordinarán nuestros compañeros entre sí, facilitando la comprensión de su posible comportamiento futuro y, por lo tanto, de cómo debemos conectar y colaborar con ellos. Así evitaremos obstáculos, conseguiremos el apoyo para una idea o ascenso, accederemos a información importante e influiremos en la toma de decisiones. Conocer nuestras redes informales nos favorece a la hora de hacer nuestro trabajo.

Para elaborar el croquis de nuestra red, primero debemos decidir cuál de las tres redes queremos evaluar (la de asesoramiento, la de respaldo social o la de información). Luego, en una hoja de papel pautado, trazaremos cinco columnas. En la primera, escribiremos el nombre de todas las personas que se encuentran en esa red informal. Por ejemplo, si queremos analizar la red informal de asesoramiento, enumeraremos a todos los individuos en los que confiamos para que nos guíen en un asunto problemático, nos den *feedback* y nos orienten en nuestro siguiente paso profesional. Esa lista representa tu red informal.

Revisaremos cada nombre de la lista para decidir si esa persona es parecida o diferente a nosotros en cuanto a sus características demográficas, es decir, identidad de género, raza, edad, etnia, clase social, orientación sexual, etc. Luego, en la segunda columna, anotaremos nuestras respuestas (similar o diferente) junto a cada nombre.

Para hacer un croquis de nuestra red, es importante entender con quiénes estamos conectados y lo sólida y beneficiosa que es esa relación. Más adelante, hablaré de cuán importante es la participación en la creación de relaciones beneficiosas para ambas partes.

Si queremos comprobar lo fuertes que son nuestras conexiones, cogeremos cada nombre de la lista y decidiremos si la relación con cada persona es bilateral, si esa conexión es ventajosa para ambos, o unilateral, si sólo beneficia a una persona. Luego, en la tercera columna, escribiremos nuestra respuesta (bilateral o unilateral) junto a cada nombre.

En este capítulo, también explicaré por qué es importante tener una mezcla de relaciones estrechas y vagas en una red informal. Para determinar la solidez de una relación, revisaremos cada elemento de la lista y decidiremos si pertenece a una u otra categoría. Una relación estrecha es una conexión con alguien en quien confiamos, mientras que una relación vaga es aquella que tenemos con personas a las que no conocemos lo bastante bien para predecir cómo se comportarán. Para revisar lo estrechas o vagas que son nuestras relaciones, nos centraremos en cada nombre de la lista y decidiremos si conocemos lo bastante bien a esa persona para confiar en ella y poder predecir cómo se va a comportar. Por último, en la cuarta columna, escribiremos la respuesta (estrecha o vaga) junto a cada nombre.

Ya habremos elaborado un croquis de nuestra red informal, así que podemos abrirnos paso por ella aplicando las siguientes prácticas.

Práctica 2: diversificar nuestra red

Llevo dos años ofreciendo *coaching* a Chris, un director ejecutivo de una empresa multimillonaria de aplicaciones móviles sobre entrenamiento personal. Chris empezó su carrera en el sector del *fitness* como entrenador personal, trabajando turnos de doce horas en un gimnasio local. Un año después, tenía más de 120 clientes y suficiente dinero para comenzar por su cuenta y crear una empresa de aplicaciones móviles sobre ejercicio. El éxito de Chris se basa en un sólo aspecto: es capaz de desarrollar una relación con cualquiera.

Lo llamo el «supercontacto» porque sabe cómo forjarlas y colaborar con cientos de personas de todas las esferas sociales. No es lo habitual. Establecer y mantener relaciones requiere tiempo, atención y energía, lo que puede ser agotador. Según un estudio de 2017[15] publicado en *Harvard Business Review*, el número ideal de conexiones de una red informal en el trabajo oscila entre las doce y las dieciocho personas. Si nuestra red tiene menos conexiones, tendremos que pensar en las personas a las que queremos presentarnos o con las que deseamos tomar un café para ampliar dicha red. Si tiene más de dieciocho conexiones,

---

15. Cross, R. y Thomas, R., «Managing Yourself: A Smarter Way to Network», *Harvard Business Review*, julio-agosto de 2011, https://hbr.org/2011/07/managing-yourself-a-smarter-way-to-network

puede ser complicada de gestionar, sobre todo si dedicamos tiempo a desarrollar las tres redes informales y contamos con individuos distintos en cada una. No podemos conectar con todos. No nos podemos dividir en varios «yo», por lo que debemos invertir nuestro tiempo y energía de manera estratégica.

Los supercontactos suelen tener redes diversas y extensas. Desarrollan y mantienen sus conexiones al implementar prácticas concretas, como la diversificación de sus redes. Incluso en el colegio, Chris solía conocer a los chicos marginados (como yo) o que no se identificaban como hombres blancos, heterosexuales, de clase media y sin discapacidad. Le pregunté a Chris qué lo motivaba a conectar más allá de las diferencias y me miró con expresión confusa antes de contestar: «Así la vida es mucho más interesante. ¿Quién quiere salir siempre con el mismo tipo de personas?».

Revisaremos la lista de nuevo. ¿Con qué frecuencia aparece la palabra «similar» en la segunda columna? Es decir, ¿las personas de tu lista comparten tus características demográficas, bagaje cultural, experiencia, nivel organizativo y cargo? Según mis investigaciones, tenemos una red diversa si al menos la mitad de las conexiones son personas con características demográficas diferentes a las nuestras.

La mayor parte del tiempo, nos limitamos a conectar con individuos parecidos a nosotros. Por eso, en un estudio de 2005[16] publicado en *Harvard Business Review*, se reveló que, si para desarrollar nuestra red en más del 65 % de las ocasiones somos nosotros los que nos presentamos a los demás, es muy probable que se componga sólo de personas afines. Cuanto más diversa sea una red[17] en cuanto a las características demográficas de sus miembros, más variados serán los consejos, la información y el respaldo social que nos ofrecerá.

Para diversificar la red, necesitaremos pensar en cómo la estamos desarrollando. Cuando Chris conoce a un cliente por primera vez, se

---

16. Uzzi, B. y Dunlap, S., «How to Build Your Network», *Harvard Business Review*, vol. 83, n.º 12, p. 53, diciembre de 2005, https://hbr.org/2005/12/how-to-build-your-network

17. Chanland. D. E. y Murphy, W. M., «Propelling Diverse Leaders to the Top: A Developmental Network Approach», *Human Resource Management*, vol. 57, n.º 1, pp. 111-126, septiembre de 2017, https://doi.org/10.1002/hrm.21842

asegura de compartir cómo es en realidad. Habla de su familia, de dónde creció y dónde fue al colegio. Consigue que los demás se sientan seguros al hablar de quiénes son después de que él les haya mostrado su identidad. Luego, pasa a conocer a esa persona haciéndole preguntas. Muchas preguntas.

Chris dice que se trata de buscar puntos de conexión: qué los vuelve únicos, qué les interesa y cuál es su pasión.

La mayoría de las relaciones se basa en similitudes porque es fácil conocer a personas que comparten nuestras aficiones o intereses. Sin embargo, los supercontactos superan las diferencias buscando puntos de conexión, incluido todo aquello que les interesa a los demás. Una vez establecidos los puntos de conexión, muestran interés por aprender más del tema. Por ejemplo, cuando Chris estaba en el colegio, era el único chico blanco que se esforzó por conocer al grupo de estudiantes japoneses de intercambio que había en su curso. Lo hizo interesándose y sintiendo curiosidad por sus pasiones: el anime, animaciones generadas por ordenador que empezaban a surgir en Japón. Chris se toma tan en serio la práctica de encontrar puntos de conexión que investiga a cada cliente antes de conocerlo para entender qué le puede interesar y hacerle preguntas sobre el tema cuando se reúnen. Así es como los supercontactos se involucran en sus redes informales.

Diversificar una red no es tan fácil como entregarle una tarjeta de visita a una persona que no se parezca a nosotros. Se trata de dedicar tiempo y atención, como Chris, a conocer a distintas personas.

Práctica 3: dedicar esfuerzos a relaciones bilaterales

Uno de los errores comunes de las personas al desarrollar relaciones en el trabajo es asumir que sólo cuando conocen bien a alguien, merece la pena esforzarse con esa conexión. Las relaciones cambian y se desarrollan con el tiempo. En un estudio de 2013[18] publicado en *Administra-*

---

18. Dahlander. L. y McFarland, D. A., «Ties That Last: Tie Formation and Persistence in Research Collaborations over Time», *Administrative Science Quarterly*, vol. 58, n.º 1, pp. 69-110, enero 2013, https://doi.org/10.1177/0001839212474272

tive Science Quarterly, se descubrió que las conexiones superan el paso del tiempo cuando las personas meditan sobre la calidad de su relación y estudian sus experiencias compartidas. La solidez de una conexión se refleja en lo bien que dos personas se conocen, pero su calidad depende de lo sana y eficaz que sea la relación. Las bilaterales son conexiones compartidas en las que existe un alto nivel de confianza, reciprocidad y compromiso activo por parte de ambos individuos. El grado de beneficio mutuo que les aporte influirá en la calidad de la relación.

Cuanto más conectados estemos a las personas de nuestro entorno laboral, más confianza, respaldo social, asesoramiento y significado nos aportarán. Necesitamos relaciones bilaterales porque, según las investigaciones, mejoran el rendimiento,[19] el aprendizaje, el desarrollo y la sensación de pertenencia. También provocan sensación de seguridad psicológica, confianza y bienestar. Las relaciones de calidad[20] aumentan nuestra capacidad de enfrentarnos al estrés y, como se muestra en algunos estudios, fomentan la inmunidad y reducen la presión sanguínea, por lo que amplían nuestra esperanza de vida. Las relaciones bilaterales son vitales, literalmente.

Al contrario, las conexiones unilaterales nos merman. Estas conexiones se caracterizan por una falta de confianza, reciprocidad y compromiso. A menudo, las relaciones unilaterales se producen con personas con las que debemos colaborar, pero con las que no deseamos pasar tiempo o que intuimos que actúan sin tener nuestros intereses en mente. Incluso una pequeña cantidad de conexiones unilaterales puede afectar negativamente a nuestro bienestar psicológico. Según un estudio de 2011[21] publicado en *Harvard Business Review*, sólo el 5 % de las personas de nuestra red informal genera en torno al 90 % de la ansiedad que sentimos en el trabajo.

No obstante, ser conscientes de nuestras conexiones negativas nos ayuda a contrarrestar sus efectos. Las relaciones ambiguas, en las que no tenemos claro que la otra persona tenga nuestros intereses en mente, son

---

19. Stephens, J. P. *et al.*, «High-Quality Connections», *The Oxford Handbook of Positive Organizational Scholarship*, pp. 385-399, Oxford University Press, Nueva York, 2012.
20. Dahlander, L. y McFarland, D. A., «Ties That Last», *op. cit.*
21. Cross, R. y Tomas, R., «Managing Yourself», *op. cit.*

agotadoras. Cuando no estamos seguros de si le caemos bien a alguien, si confía en nosotros o si desea apoyarnos, no sabemos si deberíamos invertir tiempo en esa relación. Como consecuencia, dedicamos una gran energía mental a decidir qué hacer, lo que puede ser abrumador.

Para superar estos desafíos, necesitamos conocer el tipo de relaciones que tenemos. En un artículo académico publicado en *Group and Organization Management* en 2017, se descubrió que sólo con ser conscientes de las relaciones negativas se contrarresta el impacto psicológico de dichas conexiones. Sólo con «saber quiénes son nuestros enemigos» podemos enfrentarnos a los retos asociados a esta relación o evitar a esa persona.

Identificar las relaciones bilaterales que nos proporcionan mayor apoyo, conocidas como conexiones de alta calidad,[22] es útil. Según un estudio de 2003 publicado en *Positive Organizational Scholarship: Foundations of a New Discipline*, las relaciones de alta calidad tienen tres características esenciales: ambas partes comparten emociones positivas y negativas, son capaces de estar en desacuerdo y, aun así, conservar el vínculo y están abiertas a considerar nuevas ideas y formas distintas de actuar. Incluso si cambiamos de compañía o país, es probable que una relación con esas tres características se mantenga.

Para analizar la calidad de las relaciones, revisaremos los nombres de la lista que creamos que son bilaterales (en la columna tres) y nos preguntaremos lo siguiente:

- ¿Nos sentimos seguros compartiendo sentimientos, desafíos y problemas con esta persona?
- ¿Podemos tener desacuerdos significativos? ¿Seguiremos manteniendo la amistad, aunque tengamos distintas creencias, opiniones y perspectivas?
- ¿Estamos a gusto compartiendo ambiciones, aspiraciones e ideas con esta persona?

---

22. Dutton, J. E. y Heaphy, E. D., «The Power of High-Quality Connections», *Positive Organizational Scholarship: Foundations of a New Discipline*, Berrett-Koehler, San Francisco, 2003, pp. 263-278.

Si hemos contestado que sí a todas las preguntas, entonces es muy probable que esa relación sea una conexión de alta calidad, lo que significa que tendremos que esforzarnos para mantenerla.

Para desarrollar relaciones bilaterales, necesitaremos buena voluntad, esto es, estar dispuestos a ayudar a los demás, aunque no nos lo pidan. En un estudio de 2012[23] publicado en *MIT Sloan Management Review*, se reveló que, con independencia del género o la etnia de una persona, los empleados que ascendían más rápido y que permanecían más tiempo en las empresas tenían un punto en común: se relacionaban con las partes interesadas clave para entender sus necesidades y usaban sus habilidades para intentar satisfacerlas. Al contactar y tratar de ser útiles, demostraban el principio de la reciprocidad y, al hacerlo, se volvían más visibles ante personas importantes. Además, mostraban su valor al ofrecer su experiencia, ideas y apoyo social. Como resultado, mejoraban su reputación como personas responsables, la base de la confianza. También seguían el principio de la reciprocidad que dirige los intercambios de confianza al respaldar la creencia de que les importaban sus compañeros y tenían en mente sus intereses.

La buena voluntad se basa en reconocer que, cuando actuamos por el bien de los demás, les demostramos que somos dignos de su confianza. Por ejemplo, cuando ofrecemos información, respaldo social y consejos a una persona que no nos los había pedido, fortalecemos nuestra conexión al demostrarle que confiamos en ella. En múltiples investigaciones[24] se ha descubierto que, cuando formamos parte de intercambios recíprocos de apoyo en el trabajo, aumenta nuestra productividad, mejora el aprendizaje y se crea una cultura de confianza. Al creer que la relación es bilateral, se fortalece la conexión compartida. Hacerlo con bastantes personas de la red aumenta la percepción general de que somos dignos de confianza. Cuando tenemos buena

23. Cross, R. *et al.*, «Cultivating an Inclusive Culture Through Personal Networks», *MIT Sloan Management Review*, 8 de junio de 2021, https://sloanreview.mit.edu/article/cultivating-an-inclusive-culture-through-personal-networks/

24. Baker, W. y Dutton, J. E., «Enabling Positive Social Capital in Organizations: Building a Theoretical and Research Foundation», *Exploring Positive Relationships at Work: Building a Theoretical and Research Foundation*, Lawrence Erlbaum Associates, Nueva York, 2007, pp. 325-346.

voluntad, nos convertimos en miembros de la red que merece la pena conocer.

Práctica 4: dedicar esfuerzos a una mezcla de conexiones

Aunque la diversidad demográfica es importante,[25] también lo es la calidad de nuestra red, ya que influye en la capacidad de resolver problemas, emprender proyectos y ejecutar un plan en el trabajo. Nuestra conexión con alguien de nuestra red de asesoramiento, respaldo social e información es lo que los investigadores conocen como «lazo». Lo sólida o estrecha que sea una relación o lazo refleja nuestro nivel de confianza en alguien. Los lazos estrechos se originan con las personas con las que interactuamos a menudo, con quienes compartimos nuestras ideas o preocupaciones abiertamente y a quienes pedimos consejo y ayuda. Los lazos vagos son relaciones cuya interacción es infrecuente, y el vínculo emocional, mínimo. Por ejemplo, los lazos vagos se dan entre compañeros que hablan en la cafetería o por Slack. Proporcionan una idea de cómo funciona un entorno laboral, además de permitirnos acceder a información novedosa.

Los lazos estrechos se suelen asociar a un rendimiento mayor porque es más probable que nos proporcionen conocimientos tácitos, consejos profesionales y el apoyo necesario para hacer bien nuestro trabajo. Además, son importantes cuando se trata de sentir satisfacción por el trabajo o la carrera. Por ejemplo, según un estudio de 2016[26] publicado en *Work and Occupations*, el respaldo social que proporcionan los lazos estrechos mejora el bienestar mental y emocional de la plantilla, más que las oportunidades laborales.

Sólo porque los lazos estrechos jueguen un papel esencial en el progreso profesional no significa que los lazos vagos sean malos. Los primeros suelen originarse entre personas con las que tenemos una relción

---

25. D'Errico, M. *et al.,* «Informal Ties in Organizations: A Case Study», *Quality & Quantity*, vol. 48, n.º 4, pp. 1929-1943, julio de 2014, https://doi.org/10.1007/s11135-013-9862-0

26. McGuire, G. M. y Bielby, W. T., «The Variable Effects of Tie Strength and Social Resources», *op. cit.*

íntima y es probable que compartan con nosotros contactos similares. No obstante, los lazos vagos son los conocidos que pueden conectarnos con otras personas en una red informal. Cuando contamos con lazos vagos en redes diversas, es probable que esos contactos puedan presentarnos a personas que quizá necesites. En varias investigaciones se ha llegado a la conclusión de que los lazos vagos son más útiles[27] que los contactos estrechos a la hora de encontrar trabajo porque nos conectan con otras redes informales y personas que no conoceríamos de otra manera. No obstante, los lazos estrechos nos ofrecerán el consejo y apoyo necesarios para conseguir un trabajo. Una red de alta calidad presenta una mezcla de lazos estrechos y vagos.

Dedicaremos un momento a reflexionar sobre nuestra red informal, pensando en cada nombre de la lista en relación con la columna cuatro (conexión estrecha o vaga). Aunque no haya una cantidad perfecta de ambas categorías, deberíamos tener más lazos vagos que estrechos, ya que las conexiones íntimas requieren mucho tiempo y energía. En un estudio de 2018[28] publicado en *Human Resource Management*, se descubrió que necesitamos al menos un lazo estrecho para acceder a los datos informales que nos permitirán entender los cambios y decisiones corporativas e identificar oportunidades de trabajo. Además, es importante tener al menos a una persona en nuestra red informal que pueda ofrecernos apoyo si estamos teniendo un mal día. Debe ser alguien que nos ayude a disfrutar de bienestar mental y emocional y a equilibrar la vida laboral y personal. Por otro lado, necesitamos al menos dos lazos estrechos que nos den consejos profesionales y respalden nuestro progreso en el trabajo. Deben ser personas que ofrezcan *feedback* de desarrollo, desafíen nuestras decisiones y nos animen a esforzarnos más.

Si no tienes alguna o ninguna de estas relaciones, es hora de que te centres en forjarlas. Invertir en relaciones bilaterales es la manera de desarrollar vínculos estrechos, mientras que los vagos se forman al crear oportunidades de conectar. En las entrevistas que llevé a cabo

27. de Janasz, S. C. y Forret, M. L., «Learning the Art of Networking: A Critical Skill for Enhancing Social Capital and Career Success», *Journal of Management Education*, vol. 32, n.º 5, pp. 629-650, octubre de 2008, https://doi.org/10.1177/1052562907307637

28. Chanland, D. E. y Murphy, W. M., «Propelling Diverse Leaders to the Top: A Developmental Network Approach», *op. cit.*

para mi doctorado, los participantes me revelaron lo importantes que eran las experiencias compartidas a la hora de crear y mantener redes informales. Cuando empecé a estudiar este tema, pensé que las experiencias compartidas se reducían a copas los viernes o golf, actividades típicas de las redes exclusivas de los hombres. Sin embargo, pronto descubrí que había personas que desarrollaban relaciones a través de las experiencias compartidas en el trabajo, como colaborar en una tarea con un compañero o elaborar un discurso de venta para un cliente. Cuando los empleados trabajan juntos en algo, establecen un vínculo basado en la experiencia. Las oportunidades de participar en un proyecto, una iniciativa especial o una actividad de trabajo en equipo facilitan el desarrollo de la confianza porque las personas involucradas aprenden a colaborar por un objetivo común y, al hacerlo, se conocen.

Al desarrollar conexiones vagas, cuanto más tiempo pase una persona con nosotros, más fácil le resultará que colaboremos porque ya sabrá quiénes somos. Ahí entra en juego el intercambio de confianza. Si queremos aumentar el número de personas de nuestra red informal, tendremos que identificar la cantidad de tiempo que pasamos trabajando solos y qué oportunidades pueden surgir de involucrar a los demás para completar una tarea. Incluso aunque no podamos trabajar directamente con alguien en un proyecto, aún existe la posibilidad de compartir aquello en lo que estamos trabajando y pedirle comentarios, consejos, ideas u opiniones sobre cómo abordarlo.

Práctica 5: diversificar nuestro papel

Seamos o no conscientes, cada uno interpreta un papel dentro de su red. Saber cuál es el papel que interpretamos nos ayuda a entender cómo nos perciben los miembros de nuestra red informal. Nuestro lugar en dicha red suele reflejar distintos aspectos de nuestra identidad. Por ejemplo, planteémonos si las personas de nuestra compañía nos piden consejo profesional. Si lo hacen, es un indicio de que nos consideran dignos de confianza, competentes e influyentes, es decir, individuos con acceso a información útil por el número de conexiones que tenemos.

Tras décadas de investigación, en el mundo académico se han identificado los distintos papeles que interpretan las personas en una red. Según mis estudios, he condensado dichos papeles en cuatro tipos: contactos, puentes, *brokers* y expertos.

Los «contactos» suelen ser las personas del centro de cualquier red porque vinculan a los miembros de dicha red. Tienden a ser muy influyentes porque tienen relación con la mayoría de las personas de la red, que acuden a ellas en busca de apoyo y consejos. Los contactos, además de gozar a menudo de muchos lazos estrechos dentro de la red, son útiles al pedir ayuda, consejos e información, lo que los vuelve influyentes.

Un «puente» es una persona del trabajo que conoce a miembros de dos grupos distintos y que conecta a varios individuos dentro de cada grupo o a ambos grupos. A diferencia de los contactos, sólo tienen relaciones estrechas con personas de su red informal, pero también muchos lazos vagos en múltiples redes informales. Se suele recurrir a ellos por sus conocidos y para pedir consejo sobre a quién acudir y para qué. Por lo general, son personas a las que les resulta fácil establecer conexiones y en las que se confía socialmente.

Un bróker es alguien que comparte información dentro de su red informal. Suele ser el primero en enterarse de lo que está ocurriendo y desear compartir lo que sabe. Quizá tenga pocos lazos estrechos y vagos dentro de su red, pero forma parte de numerosas redes diversas. La diversidad de sus conexiones le da acceso a una amplia variedad de datos exclusivos y novedosos. Se le suele pedir consejo sobre cómo completar las tareas porque conoce a múltiples personas que podrían ayudarnos con cualquier proyecto. Por lo general, a los brokers no les cuesta conectar, a pesar de las diferencias, y disfrutan conociendo a individuos con diverso bagaje cultural.

Los «expertos» tienen pocas conexiones estrechas y vagas dentro de su red, pero sus relaciones confían en ellos por sus habilidades o conocimientos esenciales. No sólo limitan los vínculos que desarrollan dentro de una red, sino que también suelen estar conectados a pocas redes informales. Se suele recurrir a estos individuos por lo que saben. Los expertos son personas con experiencia, habilidades, ideas y destrezas que ayudan a resolver problemas complejos en el trabajo. Las redes informales acuden a los expertos en busca de consejos fundamentales sobre un asunto problemático o complicado relacionado con el trabajo.

Aunque podemos interpretar diferentes papeles dentro de una red informal, solemos identificarnos con uno más que con los demás. Nuestro papel cambia con el tiempo, igual que lo hacen nuestras relaciones o redes informales. El papel que solamos interpretar con mayor frecuencia refleja la percepción que tienen de nosotros los miembros de una red informal. También podemos usar la descripción de cada papel explicada en este capítulo para entender las distintas funciones que tienen otras personas en una red informal. Cuando seamos capaces de advertir el papel que ocupan, comprenderemos el valor exclusivo que aporta cada una al intercambio de confianza, lo que facilita la colaboración.

Por ejemplo, sé que suelo ocupar el papel de «experta» dentro de mis redes informales y que a alguien que sea un «contacto» puede costarle conocerme al principio. Sin embargo, si entiende el papel de un experto dentro de una red, advertirá el valor que puedo ofrecerle. Cuando conozco a contactos como Chris, suelo sentirme abrumada por su naturaleza extrovertida, pero valoro estas relaciones porque me mantienen conectada a la red informal.

Para gestionar nuestra posición dentro de una red, primero debemos revisar las descripciones de cada papel y decidir cuál es el que solemos ocupar. En segundo lugar, dedicaremos tiempo a entender el papel de los demás examinando las cuatro posiciones y decidiendo quién suele ocupar cuál de ellos con mayor frecuencia. Si hay alguien con quien queramos conectar o con el que nos cueste establecer una relación, debemos plantearnos si entendemos el papel que ocupa y cómo conectar con él. En tercer lugar, consideraremos si podemos fortalecer nuestra conexión al encontrar distintas maneras de conectar con esa persona. Por ejemplo, podemos establecer una relación con un contacto ofreciéndole información, respaldo social y consejos. Para los puentes y brókers, podemos conectar compartiendo vínculos y haciendo presentaciones. Por último, con los expertos, podemos ofrecerles información emocionante y compartir nuestra experiencia.

Según un estudio de 2019, «Social Capital and Career Growth»,[29] publicado en el *International Journal of Manpower*, desarrollamos nuestro capital social al invertir esfuerzos orientados a los objetivos en relaciones variadas. Para ello, debemos ser conscientes de que diferentes relaciones nos aportan un tipo distinto de apoyo. Cuando no confiamos en alguien, solemos malinterpretar el papel que cumple o esperar que se comporte como nosotros. Cuando no lo hace, despreciamos sus diferencias, por lo que lo excluimos del respaldo social, los consejos y la información que quizá compartamos con otras personas. Al entender el papel que interpretan los miembros de una red informal, comprendemos en qué aspectos son distintos a nosotros, lo que facilita que valoremos la contribución única que todos tenemos que ofrecer.

Convierte la confianza en un hábito

Si escribimos en Google «béisbol» y «reglas no escritas», encontraremos cientos de referencias a las prácticas no oficiales a las que deben adherirse los jugadores en un partido. Aunque existen reglas oficiales, muchas de las prácticas informales refuerzan los protocolos y la deportividad. Conocer las prácticas informales es algo que los jugadores aprenden con el tiempo al observar a sus compañeros, cometer errores o escuchar a los que las conocen. Estas reglas son importantes porque es menos probable que los compañeros de equipo confíen en alguien que las rompa.

En 2020, un artículo de *The Guardian*[30] anunciaba que se había criticado a Fernando Tatís Jr., un jugador profesional del San Diego Padres, por haber hecho demasiadas carreras. Aunque pueda parecer extraño en un deporte en el que dichas carreras son la manera de ganar, lo que se espera (las prácticas informales) cuando un equipo A va en cabeza y está claro que el equipo B va a perder es que el primero no

---

29. Kang, D. *et al.,* «Social Capital and Career Growth», *International Journal of Manpower*, vol. 41, n.º 1, pp. 100-116, septiembre de 2019, http://doi.org/10.1108/ijm-10-2018-0345

30. Felt, H., «Is Anything More Stupid than Baseball's Unwritten Rules? Ask Fernando Tatis Jr.», *The Guardian*, 19 de agosto de 2020, https://www.theguardian.com/sport/2020/aug/19/fernando-tatis-jr-grand-slam-take-sign-baseball-anger-unwritten-rules

amplíe su ventaja rápidamente, es decir, completar carreras sólo por completarlas se considera una falta de deportividad. Es una regla establecida, por lo que Tatís debería haberla conocido, de ahí que *The Guardian* publicara la historia. Además, con el fin de que se adhiriera a la regla, el periódico aseguraba que el entrenador de Tatís, Jayce Tingler, le había hecho una señal que indicaba que no debería hacer *swing* en un lanzamiento de 3-0. Pero, por desgracia, Tatís no logró leer entre líneas.

Cuando fracasamos en dicha tarea, los demás pierden confianza en nosotros. Como Tatís, podemos acabar con la reputación de todo el equipo. Cuando los demás no pueden predecir nuestras acciones, es menos probable que nos apoyen para alcanzar metas.

Se puede decir con seguridad que es complicado completar nuestras tareas cuando no confiamos en las personas con las que trabajamos. Llevar a cabo las cinco prácticas para crear y mantener nuestras redes informales es la manera de demostrarles a los compañeros de equipo que merecemos su confianza.

4
INFORMACIÓN INFORMAL:

Cómo estar al corriente

En las primeras páginas he hablado de un hombre de negocios japonés que no había logrado leer entre líneas por su falta de autoconocimiento. Debía haber sabido lo que necesitaba su cliente para evitar que la reunión acabara mal. Como líder a cargo de una empresa de la lista Fortune 500, el tiempo era lo más importante para este ajetreado cliente. Si el hombre de negocios japonés hubiera prestado atención, habría advertido que no dejaba de mirar el reloj y removerse en la silla porque necesitaba que el encuentro terminara.

La mayoría recordamos momentos en los que hemos fracasado al leer entre líneas. Aprendemos a comportarnos en diferentes situaciones al buscar *feedback* informal o captar indicios o pistas en las interacciones sociales. Usamos esta información para guiar y regular nuestra conducta con el fin de que se adapte a las necesidades y expectativas de las personas con las que nos relacionamos.

Como he explicado en el segundo capítulo, nuestra capacidad para leer entre líneas requiere conciencia del entorno laboral informal y participación en las prácticas descritas en este libro para abrirnos paso por él. La primera depende de lo bien que entendamos nuestra propia identidad, a otras personas y el entorno laboral.

El hombre de negocios japonés no fue consciente de cómo le estaba percibiendo su cliente ni de sus necesidades porque no logró interpretar de manera correcta las pistas informales. En cualquier organización, hay dos tipos de información, la formal y la informal. La primera se compone de los datos que se comunican de manera evidente y explícita como las políticas corporativas, los procesos, los manuales, los boletines, los informes anuales y los valores de la compañía. Por otra parte, la información informal suele incluir datos sobre el entorno laboral difíciles de enunciar de manera formal, como la sensación de que una reunión se acaba. Nuestra capacidad para acceder a la información informal, como saber lo que más le importa a un cliente, determina lo bien o mal que leemos entre líneas. Acceder a la información informal nos ayuda a entender nuestra identidad, a las personas que nos rodean y nuestro lugar de trabajo; es la clave para desbloquear nuestra capacidad para leer entre líneas.

Autoconocimiento

Llevo trabajando en Recursos Humanos casi veinte años y, durante ese tiempo, he ayudado a los líderes a proporcionar *feedback* de desarrollo a los empleados con un bajo rendimiento. A menudo, me preguntan si dichos empleados lograrán cumplir con su trabajo. Y siempre les contesto lo mismo: «Depende, ¿les sorprende el *feedback*?».

Desde mi punto de vista, cuando a un profesional le sorprende el *feedback* sobre su rendimiento, suele indicar una falta de conocimiento sobre sus puntos fuertes y débiles o sobre la percepción que tienen otras personas de su capacidad. Cuanto más sorprendido se muestre un trabajador, de menor conciencia goza. Por eso, la dificultad no se encuentra sólo en mejorar el rendimiento, sino en saber qué idea tiene esa persona de su productividad e identificar la brecha entre dicha percepción y lo conforme que esté con los aspectos que necesita trabajar.

El autoconocimiento es la diferencia entre lo que pensamos de nosotros mismos y lo que opinan los demás. Requiere tres ingredientes esenciales. En primer lugar, debemos saber quiénes somos, es decir, ser conscientes de nuestros pensamientos, sentimientos y comportamientos porque esta información nos ayuda a entender por qué hacemos lo que hacemos. En segundo lugar, necesitamos saber si el modo en que nos vemos a nosotros mismos (en cuanto a pensamientos, sentimientos y comportamientos) coincide con la percepción del resto. En tercer lugar, debemos saber cómo adaptar nuestros pensamientos, sentimientos y comportamientos para eliminar ese desajuste entre cómo nos percibimos y la opinión de los demás.

En la mayoría de los casos, cuando una persona tiene una conversación formal sobre su rendimiento, es demasiado tarde. Está en la reunión porque no ha logrado entender la percepción que tiene de ella el resto, es decir, no ha leído entre líneas. La percepción de nosotros que tienen los demás se suele comunicar de manera informal con comentarios espontáneos sobre nuestro comportamiento en un proyecto o una conversación casual con un compañero que nos sugiere que probemos una perspectiva diferente en una reunión.

También podemos desarrollar el autoconocimiento al buscar información informal que nos permita entender la percepción que tienen los demás de nosotros. Los datos informales que proceden de compañeros, como consejos amistosos, *feedback*, sugerencias o directrices, sirven como espejo en el que se refleja la experiencia que viven en nuestra presencia.

Cuando las personas gozan de autoconocimiento,[1] entienden la brecha que existe entre cómo se ven a sí mismas en cuanto a rendimiento o comportamiento y cómo las ven los demás. No sólo se basan en su propio análisis, sino que también calibran su propia opinión incluyendo la perspectiva de otros individuos en su examen general. Como resultado, estas personas también pueden identificar lo que necesitan hacer para cerrar la brecha entre la idea que tienen los demás de ellas y cómo se perciben a sí mismas.

Cuando se despide a un empleado por bajo rendimiento, suele deberse a que no entiende el impacto de su conducta en los demás o cómo cerrar la brecha cambiando su comportamiento. Cuando una persona goza de autoconocimiento, es consciente de sus pensamientos, sentimientos y conductas y la impresión que deja en los demás. Como re-

---

1. Moshavi, D. *et al.*, «Leader Self-Awareness and Its Relationship to Subordinate Attitudes and Performance», *Leadership & Organization Development Journal*, vol. 24, n.º 7, pp. 407-418, noviembre de 2003, https://doi.org/10.1108/01437730310498622

sultado, gestiona de manera activa su forma de presentarse para asegurarse de que contribuye de un modo positivo al entorno laboral.

Conocimiento de otras personas

El autoconocimiento por sí solo no es suficiente para leer entre líneas. Cuanto más entendamos nuestros pensamientos, sentimientos y comportamientos, más fácil será entender a los demás. La empatía es una habilidad que consiste en reconocer lo que puede sentir una persona y entender por qué piensa o se comporta de una manera particular. Sólo podremos empatizar con el resto hasta el punto en que empaticemos con nosotros mismos. No sabremos ponernos en la piel de los demás a menos que nos pongamos en la nuestra primero. El autoconocimiento nos permite[2] ser conscientes del resto y viceversa.

Nuestro progreso y desarrollo se consigue a través de las relaciones que establecemos en el trabajo porque nos proporcionan la comprensión de lo que necesitamos hacer para mejorar. El conocimiento del resto supone entender los pensamientos, sentimientos y conductas de las otras personas (por ejemplo, saber que debemos terminar una reunión porque un cliente no deja de mirar el reloj). Para leer entre líneas, debemos ser conscientes de los demás, lo que requiere saber y entender a los compañeros con los que trabajamos. ¿Por qué piensan, se comportan o sienten como lo hacen? El conocimiento de los demás es la capacidad para distinguir entre nuestros comportamientos, pensamientos y emociones y los de los demás. Así, entenderemos lo que necesitan nuestros clientes y el estrés que les puede provocar si una reunión se alarga demasiado y llegan tarde a su siguiente compromiso.

Cuando entendemos a las personas con las que trabajamos, sentimos una conexión con ellas y queremos mantenerla invirtiendo en esa relación. Se debe a que, cuando entendemos cómo piensan, sienten o se comportan otras personas y creemos que nos entienden de la misma

2. Silvia, P. J. y O'Brien, M. E., «Self-Awareness and Constructive Functioning: Revisiting 'the Human Dilemma'», *Journal of Social and Clinical Psychology*, vol. 23, n.º 4, pp. 475-489, agosto de 2004, https://doi.org/10.1521/jscp.23.4.475.40307

manera, consideramos que nos tienen en cuenta, nos prestan atención y nos valoran por quiénes somos. Estar conectados a nuestros compañeros desarrolla la sensación de pertenencia. De hecho, según un estudio académico de 2012[3] publicado en el *Oxford Handbook of Positive Organizational Scholarship*, cuando un individuo posee un alto grado de conocimiento del resto, aumenta su compromiso, satisfacción y sensación de pertenencia en el trabajo.

El conocimiento de los demás[4] no depende de un único esfuerzo por conocer a nuestros compañeros. Es una práctica para la que se requiere curiosidad sobre lo que sienten y necesitan otras personas, así como sobre sus motivaciones y preocupaciones. Supone hacer preguntas, escuchar, aprender y entender la perspectiva de otro individuo. Cuando conocemos a nuestros compañeros, podemos interpretar y explicar a la perfección sus pensamientos, sentimientos y comportamientos. Al averiguar qué hacen los demás y por qué, esta información informal nos aporta ideas sobre nuestra conducta. Nos ayuda a entender por qué hacemos lo que hacemos. Cuanto más conozcamos a alguien, con mayor precisión prediciremos su manera de pensar, sentir o comportarse ante nuestra conducta o ante distintas situaciones.

He impartido cientos de talleres a clientes internacionales para desarrollar su cultura corporativa. Suelen invitarme a tomar algo o cenar para conectar cuando se termina el taller. Sin embargo, lo que necesito es irme al hotel y no hablar con nadie durante, al menos, doce horas. Soy una persona introvertida y encontrar tiempo a solas es esencial para mi bienestar porque es mi forma de recargar las pilas. Al conocerme bien, sé lo que necesito para ser productiva. Si conocemos a las personas con las que trabajamos, sabremos cuáles son sus necesidades para ser eficientes. Tras pasar tiempo conociendo a mis clientes, sé cuáles son extrovertidos y cuáles introvertidos. De este modo, puedo predecir quién querrá ir a cenar después del seminario. Para gestionar sus necesidades (y las mías propias), intento encontrar una alternativa, sugiriéndoles quedar para desayunar o comer (y suelo hacerlo antes de que me inviten a la cena). Las personas más influyentes de una organi-

---

3. Stephens, J. P. *et al.*, «High-Quality Connections», *op. cit* ,pp. 385-399.
4. *Ibid.*

zación saben con quiénes trabajan, prestan atención a sus reacciones y tratan de responder de una manera que satisfaga las necesidades de los demás, así como las suyas propias.

Conocimiento corporativo

Cuando debemos colaborar[5] de manera virtual o híbrida, el rendimiento suele verse afectado porque, como se ha confirmado a través de varias investigaciones, establecer la confianza de forma remota entre miembros de un equipo puede ser complicado. Es demasiado fácil tener una visión sesgada de una situación o hacer juicios precipitados sobre una persona. Por ejemplo, si estamos en una reunión de Zoom y alguien tiene la cámara apagada, es fácil asumir que no está prestando atención o está centrado en otra tarea. Los juicios precipitados suelen aflorar en entornos virtuales, donde vemos a las personas durante un corto período de tiempo y utilizamos esa breve interacción para decidir cómo son. En un entorno virtual,[6] percibimos los comportamientos poco habituales, como que una persona tenga la cámara apagada, más a menudo que los convencionales, como todas las veces que la han encendido durante ese día. Damos más peso a experiencias poco comunes cuando tenemos prejuicios sobre otras personas, como al pensar que nuestro compañero no presta atención por no haber activado la cámara. Los prejuicios se pegan como la cola.[7] Cuando los tenemos, es difícil deshacernos de ellos porque buscamos pruebas que confirmen que lo que creemos es verdad.

Analizamos a las personas y las circunstancias desde una perspectiva subjetiva, sobre todo en entornos virtuales, porque no entendemos el contexto de la otra persona y cómo percibe la situación. Por ejemplo,

---

5. Mortensen, M. y Neeley, T. B., «Reflected Knowledge and Trust in Global Collaboration», *Management Science*, vol. 58, n.º 12, pp. 2207-2224, julio de 2012, https://doi.org/10.1287/mnsc.1120.1546

6. Eraut, M., «Non-Formal Learning and Tacit Knowledge in Professional Work», *British Journal of Educational Psychology*, vol. 70, n.º 1, pp. 113-136, 2000, http://doi.org/10.1348/000709900158001

7. *Ibid.*

si un compañero no se encuentra bien, quizá se haya conectado con la cámara apagada sólo para demostrar que está comprometido. En una reunión presencial, podemos sentarnos cara a cara y ver que nuestro compañero no se encuentra bien, lo que aclara la situación. Como se ha descubierto en diferentes investigaciones, cuando los empleados remotos[8] dedican tiempo a conocerse, trabajan mejor. Estos profesionales se entienden y saben cuál es el entorno laboral del resto, así como los desafíos y limitaciones concretos. También comprenden la percepción que tienen los demás de ellos. Por lo tanto, están en mejores condiciones de ofrecer consejos o compartir recursos y experiencia.

Desarrollamos el conocimiento de otras personas cuando descubrimos cómo le gusta trabajar a un compañero, sus relaciones y su ambiente laboral. Así, desarrollamos conocimiento corporativo porque entendemos qué opinión tiene nuestro entorno de nosotros.

Mary, una directora ejecutiva a la que he ofrecido *coaching* con regularidad, tenía dificultades para entenderse con su director financiero, pero no sabía por qué. Por eso, le pedí que me contara la opinión que pensaba que tenía de ella. «Cree que soy demasiado tranquila y complaciente, lo que puede ser frustrante, dados los bajos resultados financieros de la compañía. Sin embargo, me gusta calmar al resto y apoyarlos en sus desafíos», dijo. Después de que Mary entendiera cómo la percibía su director financiero, identificamos maneras distintas de actuar que cambiaran su opinión. Así, pasó a reunirse con él, compartir sus observaciones y hablar sobre qué hacer para mejorar su relación.

Aunque el conocimiento de otras personas supone entender sus sentimientos, pensamientos y comportamientos, el conocimiento corporativo[9] se consigue al aprender a entender nuestra identidad, relaciones y entorno laboral a través de los ojos de otra persona. La conciencia corporativa es el conocimiento que se extrae de la percepción que tiene de nosotros la compañía. Es necesaria[10] para saber cómo trabajar con los demás. Por ejemplo, en un estudio del 2012 publicado

---

8. Mortensen, M. y Neeley, T. B., «Reflected Knowledge and Trust in Global Collaboration», *op. cit.*

9. *Ibid.*

10. Stephens, J. P. *et al.*, «High-Quality Connections», *op. cit.*,385-399.

en el *Oxford Handbook of Positive Organizational Scholarship*, se descubrió que, cuando las personas que trabajan en distintas ubicaciones sacan tiempo para reunirse por Zoom o se escriben correos para comprobar cómo están (es decir, se preocupan por el bienestar del resto, hablan de los retos que se están encontrando y se preguntan si tienen algún comentario que compartir), aumenta la coordinación y la cooperación del equipo en general. Cuando no contamos con conocimiento corporativo, no dedicamos tiempo a entender la percepción que tienen de nosotros nuestros compañeros. Así, es mucho menos probable que hagamos en nuestro comportamiento los ajustes necesarios para mantener la relación.

Cuando trabajé en Recursos Humanos para una multinacional en el sector energético y de producción, una de mis tareas era pasar el mismo tiempo en la oficina de Londres, en Inglaterra, que en la de Perth, en Australia. También debía hacer viajes frecuentes a la de Houston, en Texas. Cada vez que me trasladaba a uno de estos lugares, observaba pequeñas diferencias. Por ejemplo, en la de Houston, los empleados empezaban a trabajar antes de las ocho (a veces, incluso a las seis) y terminaban alrededor de las cuatro de la tarde tras hacer una pausa para comer a las once. Por otra parte, en Londres, los empleados empezaban más tarde (a veces, incluso a las diez) y terminaban de trabajar a las ocho.

También mis compañeros hablaban de lo diferente que era trabajar con las personas de otras oficinas. Por ejemplo, los de Houston creían que los de Londres no eran productivos ni eficientes porque entraban a trabajar más tarde y pasaban mucho tiempo socializando en el pub después del trabajo mientras que, en Londres, esta actividad lúdica era la manera de crear vínculos dentro de los equipos. En Houston no entendían las reglas del entorno laboral de Londres en lo relacionado con su horario. La frustración y los problemas de comunicación de la plantilla de Houston se debían a malentendidos y suposiciones. Por ejemplo, el equipo de Recursos Humanos[11] en la oficina de Houston consideraba que el de Londres era impreciso y ambiguo, lo que coin-

---

11. Hofstede Insights, «What About the UK?», consultado el 28 de septiembre de 2022, www.hofstede-insights.com/country/the-uk/

cide con los hallazgos de las investigaciones que revelan que, en general, los británicos suelen comunicarse de manera más indirecta para que el resto deduzca lo que quieren decir. Además, al de Houston le costaba encajar el enfoque informal y despreocupado con el que el equipo australiano gestionaba proyectos y fechas de entrega. Esa perspectiva relajada era la manera de forjar relaciones y camaradería entre el personal australiano, esencial desde su punto de vista para cumplir los plazos. Compartí con mis compañeros de las distintas oficinas mi opinión sobre cómo funcionaban los otros entornos de trabajo. También les expliqué cómo vivían la experiencia laboral en las otras ubicaciones. Cuanto mayor era la comprensión de las normas, rutinas y perspectivas de las otras oficinas y cómo las percibían los distintos equipos, más fácil era que todos colaboraran juntos.

El conocimiento corporativo facilita la colaboración

Durante mucho tiempo, hacer un buen trabajo se basaba en completar a tiempo las tareas y cumplir los requisitos, por lo general a solas. Quizá necesitáramos trabajar con otras personas para conseguirlo, pero nuestra producción era, en última instancia, lo que reflejaba el rendimiento. El mercado laboral ha cambiado. Hoy en día, la clave está en la colaboración.[12] Según una encuesta de Gartner de 2017, el 67 % de las organizaciones considera que la colaboración es el recurso más importante del personal y el 82 % asegura que sus empleados deben trabajar codo con codo con sus compañeros para alcanzar las metas, lo que supone dedicar tiempo a actividades colaborativas, llamadas telefónicas, reuniones por Zoom, correos o encuentros presenciales. Además, en un estudio de 2021[13] publicado en *Harvard Business Review*, se descubrió que, hace diez años, la colaboración era dos tercios menos crucial que ahora. El teletrabajo[14] ha aumentado el tiempo que pasamos

12. Cross, R. *et al.,* «How to Succeed Quickly in a New Role: Five Ways to Build a Strategic Network», *Harvard Business Review*, noviembre-diciembre de 2021, https://hbr.org/2021/11/how-to-succeed-quickly-in-a-new-role

13. *Ibid.*

14. *Ibid.*

colaborando, dado que el personal debe superar los desafíos de trabajar los unos con los otros en un entorno virtual. En el trabajo¡ surgen malentendidos,[15] sobre todo con el modelo remoto, porque ya no contamos con tantos conocimientos sobre las personas con las que cooperamos, su contexto y la percepción que tienen de nosotros. Para evitar malentendidos, necesitamos adoptar la perspectiva de la otra persona y comprender su mundo y lo que piensa de todos los demás. Así, superaremos nuestras diferencias culturales o demográficas. Cuando gocemos de conocimientos corporativos, sabremos por qué las personas actúan ante nosotros como lo hacen y evitaremos ofendernos o darle una interpretación errónea a una situación.

Ayudar a esas tres oficinas a adquirir conocimientos corporativos y sobre los demás facilitó mucho su trabajo. Los compañeros de cada equipo fueron más conscientes del horario de cada sede, lo que hizo que les resultara más sencillo encontrar un momento en el que todos estuvieran en línea. Acabaron entendiendo qué opinaba el resto de su estilo de comunicación y su impacto, por lo que lo adaptaron. El equipo de Londres empezó a comunicarse de manera más explícita en las reuniones y el de Houston, a preguntar si no tenían claro lo que se decía o lo que les pedían. Las dos oficinas de Londres y Houston comprendieron la importancia de forjar relaciones y dedicar tiempo cada semana para reunirse y charlar con sus homólogos australianos, aunque no hubiera ningún punto en el programa. A medida que los equipos ganaban conocimientos corporativos, aprendieron a intuir por qué los demás actuaban como lo hacían y cómo se percibían los unos a los otros y a su entorno de trabajo, lo que facilitó la colaboración.

Conseguir conocimientos sobre uno mismo, los demás y la organización es la base para entender cómo trabajar con otras personas. Aprendemos a leer entre líneas al compartir la información informal sobre nosotros mismos, los demás y el entorno laboral. Desarrollar el conocimiento de uno mismo es un prerrequisito para obtener conocimientos sobre el resto y la empresa. Al fin y al cabo, es difícil entender a personas ajenas si no nos entendemos nosotros mismos.

---

15. Mortensen. M. y Neeley, T. B., «Reflected Knowledge and Trust in Global Collaboration», *op. cit.*

De igual manera, aprender cómo piensan y lo que sienten los demás nos permite entender su forma de actuar. Saber a quién podemos pedirle información sobre el funcionamiento interno de la vida corporativa (cuándo habrá una vacante, restructuración o cambio de liderazgo) es esencial para interpretar nuestro entorno de trabajo.

A través del conocimiento propio y de los demás, desarrollamos nuestro conocimiento corporativo, que es el factor principal para responder a los cambios del trabajo, como empezar en un nuevo puesto o proyecto. El conocimiento corporativo mejora[16] la comunicación, la cultura y la eficacia del liderazgo. Las personas con conocimientos corporativos pueden usar esa información para gestionar la manera en la que el resto las percibe, lo que es beneficioso tanto para ellas como para los individuos con los que trabajan.

Cerrar la brecha del autoconocimiento: razones por las que leer entre líneas es importante

Uno de mis primeros proyectos[17] en la universidad fue como psicóloga industrial y organizacional administrando tests de personalidad, como el indicador Myers-Briggs (MBTI). Estas herramientas proporcionan una instantánea de nuestra personalidad en comparación con la de otros individuos. Por ejemplo, informa de si somos introvertidos o extrovertidos en comparación con la población general. Desde la década de 1960, se estima que más de cincuenta millones de personas han completado este test. Nos encanta aprender sobre nosotros mismos. Sin embargo, aunque es interesante descubrir la personalidad o los sesgos conductuales, eso no cambia nuestra eficacia en el trabajo.

Si te has sometido a un test de personalidad, sabrás que aprender sobre nuestro carácter no transforma la manera de comportarnos en el

---

16. Northup, T., «Awareness: The Key Insight for Organizational Change», 2007, www.lmgsuccess.com/documents/awareness.pdf

17. Harrell, E., «A Brief History of Personality Tests», *Harvard Business Review*, marzo-abril de 2017, https://hbr.org/2017/03/a-brief-history-of-personality-tests#:~:text=Since%20the%201960s%2C%20some%2050,popular%20personality%20assessment%20ever%20created

trabajo. Entre otros motivos, se debe a que la autoevaluación de rendimiento no es un buen indicador del rendimiento real. Nuestra percepción de nosotros mismos puede ser distinta a cómo nos percibe el resto. Y, sin saber esto último, es imposible entender si nuestro comportamiento tiene un impacto positivo o negativo.

En muchas ocasiones, existen diferencias[18] entre la percepción que tiene una persona de sí misma y la que tienen los demás, lo que llamo la «brecha del autoconocimiento». Existe porque no somos objetivos, por nuestra necesidad innata de mantener una imagen positiva de nosotros mismos. Sin ella, sería duro recuperarse de un revés o un desliz. La autoevaluación de rendimiento depende de esa percepción subjetiva. En general, la comunidad investigadora ha descubierto un desacuerdo entre nuestro análisis y el de los demás en términos de comportamiento y rendimiento. En concreto, según un estudio de 2018[19] en *Harvard Business Review*, llamado «Working With People Who Aren't Self-Aware», aunque el 95 % de las personas cree que posee autoconocimiento, sólo el 15 % lo tiene. Por supuesto, sabemos cuándo otra persona no cuenta con él porque el 99 % de los participantes aseguró que había trabajado con al menos una persona así. Sin embargo, en la mayoría de los casos, no creemos que dicho individuo seamos nosotros, un sesgo habitual.

Cuando las personas no logran entender sus puntos fuertes y débiles, no son conscientes de la percepción que tiene el resto, lo que dificulta la colaboración. Cuando administraba *test* de personalidad, otros psicólogos solían hablar de los perfiles de personalidad que estaban evaluando. Se clasificaba a los participantes entre «majo pero nada capaz» o «competente pero un poco imbécil». No había un punto intermedio. Nos gusta usar estas etiquetas porque nos ayudan a simplificar. Un imbécil competente hará un buen trabajo, pero será complicado de tratar en un equipo. Con alguien majo será fácil trabajar, pero nadie creerá que esté capacitado. ¿Y la tercera opción, una persona competente con la que sea fácil trabajar?

---

18. Moshavi, D. *et al.*, «Leader Self-Awareness and Its Relationship to Subordinate Attitudes and Performance», *op. cit.*

19. Eurich, T., «Working with People Who Aren't Self-Aware», *Harvard Business Review*, 19 de octubre de 2018, https://hbr.org/2018/10/working-with-people-who-arent-self-aware

Según distintas investigaciones, las personas suelen encajar[20] en tres categorías en relación con el autoconocimiento. Algunas personas sobrestiman sus capacidades y rendimiento relativo frente a lo que piensan los demás, los imbéciles competentes. Otras personas subestiman sus capacidades y rendimiento en comparación con la percepción del resto, la persona maja que los demás piensan que no es competente. Por último, existe un grupo de personas cuya autoevaluación sobre su capacidad y rendimiento concuerda con la visión del resto, las personas con autoconocimiento.

Sobrestimación

La sobrestimación afecta a individuos con cualificaciones, experiencia e inteligencia destinadas al éxito, pero que nunca parecen obtener el mejor despacho. Y si lo logran, no duran mucho allí porque es difícil trabajar con ellos. Suelen no tener éxito porque sólo aceptan los comentarios positivos. No dedican tiempo a considerar perspectivas diferentes o a reflexionar sobre cómo otras personas los perciben. En lugar de eso, rechazan cualquier *feedback* de desarrollo culpando al resto. Al hacerlo, sobrevaloran sus contribuciones e infravaloran las de sus compañeros.

No están abiertos a mejorar, lo que puede parecer arrogante (se hace a su manera y punto). Cuando los imbéciles incompetentes no aceptan recibir *feedback*, no asumen la responsabilidad del impacto de su conducta en los demás. Por ejemplo, pueden hacer daño sin saberlo y, cuando lo advierten, desprecian los sentimientos de otras personas o se niegan a cambiar su perspectiva. La falta de autoconocimiento afecta al estrés, la motivación y el compromiso de sus compañeros en el trabajo. En un estudio de 2015 publicado por *Harvard Business Review*,[21] se reveló que, cuando un equipo incluye a un miembro que sobrestima sus capacidades, sus posibilidades de éxito se reducen en un

---

20. Moshavi, D. *et al.,* «Leader Self-Awareness and Its Relationship to Subordinate Attitudes and Performance», *op. cit.*
21. Dierdorff, E. C. y Rubin, R. S., «Research: We're Not Very Self-Aware, Especially at Work», *Harvard Business Review*, 12 de marzo de 2015), https://hbr.org/2015/03/research-were-not-very-self-aware-especially-at-work

50 % porque toman malas decisiones, se coordinan menos y ofrecen una mala gestión del conflicto.

No sólo es difícil que nos caigan bien, sino que también les cuesta generar confianza. Cuando las personas no están dispuestas a recibir *feedback* y rechazan el impacto de su comportamiento, no actúan teniendo en mente los intereses de los que las rodean, por lo que no son dignas de confianza. Las personas que sobrestiman sus capacidades no reconocen ni aprecian las diferencias entre su perspectiva y la de otro individuo. No entienden la brecha porque no la ven. Creen que su experiencia es la única que existe en la vida laboral.

Por desgracia, el autoconocimiento no mejora por sí solo[22] o con más experiencia. La comunidad investigadora ha descubierto que, cuanta más experiencia tengan los gerentes, con menos precisión evalúan la eficacia de su liderazgo. Este fenómeno se conoce como «la enfermedad del CEO»[23] porque, cuanto más poderoso es un líder, más probabilidades hay de que sobrestime su rendimiento porque su personal teme contradecirlo. Por otro lado, los empleados tampoco tienen muchas oportunidades de ofrecerles un *feedback* sincero sobre su rendimiento. ¿Cuántos directores ejecutivos que conozcas les dan a sus empleados la oportunidad de reunirse en persona con ellos y proporcionarles *feedback*? Por esa razón, según las investigaciones, el 80 % de los ejecutivos sénior[24] tiene una falta de conocimiento sobre sus propias habilidades y el 40 % cuenta con puntos fuertes de los que no son conscientes y que no utilizan.

Lo que diferencia a un gran director ejecutivo de otro mediocre es el autoconocimiento. Existe un fuerte vínculo entre su autoconocimiento

22. Moshavi, D. *et al.,* «Leader Self-Awareness and Its Relationship to Subordinate Attitudes and Performance», *op. cit.*

23. Sala, F., «Executive Blind Spots: Discrepancies Between Self- and Other-Ratings», *Consulting Psychology Journal: Practice and Research*, vol. 55, n.º 4, pp. 222-229, septiembre de 2003, http://doi.org/10.1037/1061-4087.55.4.222

24. Orr, J. E., «Proof Point: Survival of the Most Self-Aware: Nearly 80 Percent of Leaders Have Blind Spots About Their Skills», *The Korn/Ferry Institute*, 2012, consultado el 3 de septiembre de 2022, https://www.kornferry.com/content/dam/kornferry/docs/article-migration/Survival%20of%20the%20most%20self-aware-%20Nearly%2080%20percent%20of%20leaders%20have%20blind%20spots%20about%20their%20skills%20.pdf

y los ingresos, beneficios y ventajas competitivas de su compañía[25]. No obstante, cuando sólo se consideran líderes con mucha experiencia o con un alto rendimiento, no están dispuestos a enfrentarse a pruebas o comentarios que entren en conflicto con su imagen. Por eso, rechazan el *feedback* negativo y se niegan a cuestionar sus hipótesis, creencias o perspectivas, creando una falsa confianza en su rendimiento.

Subestimación

Por el contrario, a las personas que se subestiman les cuesta advertir sus puntos fuertes y les falta la confianza necesaria para tener éxito. Incluso cuando hacen un buen trabajo, tienden a sobrestimar las contribuciones de sus compañeros y subestimar las suyas propias. Quizá sean personas capaces, pero su falta de confianza en sus habilidades se percibe como incompetencia. Es difícil creer que alguien pueda encargarse de una tarea si él mismo no lo cree. Se debe, entre otras razones, a que las muestras de confianza se confunden con competencia. Cuanto más segura, asertiva y franca sea una persona, más probabilidades hay de que creamos que sabe lo que hace. Por eso, a los recién graduados y contratados que entran en el mercado laboral se les suele decir que «finjan hasta que tengan éxito». Este consejo es arriesgado porque, si formamos falsas creencias sobre nosotros mismos y nos convencemos de que esa charla interna subjetiva es cierta, nos arriesgamos a sobrestimarnos, lo que disminuye las posibilidades de tener éxito a largo plazo.

Sin embargo, las personas que se infravaloran[26] pueden desarrollar su autoconocimiento porque están dispuestas a recibir comentarios y cambiar su comportamiento. Con apoyo, *coaching* y *feedback*, pueden empezar a entender sus puntos fuertes y su valor. No obstante, lo ideal es tener un alto grado de autoconocimiento,[27] que se consigue cuando

---

25. Northup, T., «Awareness», *op, cit.*

26. Chamorro-Premuzic, T., «Why Do So Many Incompetent Men Become Leaders?», *Harvard Business Review*, 22 de agosto de 2013, https://hbr.org/2013/08/why-do-so-many-incompetent-men

27. Moshavi, D. *et al.,* «Leader Self-Awareness and Its Relationship to Subordinate Attitudes and Performance», *op. cit.*

la manera en la que nos ven los demás, en términos de comportamiento, pensamientos y emociones, y la forma en la que nos vemos nosotros coinciden. Una persona competente con la que es fácil trabajar suele gozar de autoconocimiento. En general, según las investigaciones, cuanto más conscientes somos de nosotros mismos,[28] más posibilidades hay de que tomemos buenas decisiones, lideremos con eficacia y rindamos mejor en nuestras tareas. Por ejemplo, en un estudio de 2015 publicado en el *European Journal of Training and Development*, se descubrió que el autoconocimiento está relacionado positivamente con el bienestar, la apreciación de la diversidad, una mejor comunicación y confianza en el trabajo. Lo mismo ocurre con el rendimiento del equipo,[29] Según un estudio de 2019 publicado en el *Journal of Management* en el que se examinó a 515 equipos, cuando éstos incluían a individuos con un alto grado de autoconocimiento, el equipo colaboraba de manera más eficaz y su nivel de rendimiento aumentaba en general.

El autoconocimiento también es la clave para desbloquear la creatividad.[30] Según las investigaciones, es así porque nos abre al *feedback* de otras personas para desarrollar características, productos y servicios innovadores. Para crear, debemos considerar con meticulosidad distintas ideas y perspectivas y evaluar esta información para decidir qué feedback aceptar. La mayoría de los logros creativos implica un complejo proceso de revisión para incorporar *feedback*. Aunque lo valoro, he perdido la cuenta de las veces que se ha editado el manuscrito de este libro. Sin embargo, cada edición aumentaba mi conocimiento sobre qué aspectos de mi escritura podían mejorar, además de incrementar la calidad del manuscrito y de mi redacción. Invitar a otras personas a que revisen tus ideas, evalúen tu trabajo y te proporcionen comentarios y sugerencias te permite innovar, resolver problemas y crear.

---

28. Sutton, A. *et al.,* «A Longitudinal, Mixed Method Evaluation of Self-Awareness Training in the Workplace», *European Journal of Training and Development*, vol. 39, n.º 7, pp. 610-627, agosto de 2015, https://doi.org/10.1108/EJTD-04-2015-0031

29. Dierdorff, E. C. *et al.,* «The Power of Percipience: Consequences of Self-Awareness in Teams on Team-Level Functioning and Performance», *Journal of Management*, vol. 45, n.º 7, pp. 2891-2919, 2019, https://doi.org/10.1177/0149206318774622

30. Silvia, P. J. y O'Brien, M. E., «Self-Awareness and Constructive Functioning», *op. cit.*

También es un factor determinante del éxito corporativo.[31] Según las investigaciones llevadas a cabo por la consultora Korn Ferry, las compañías con un bajo rendimiento económico tienen un 79% más de probabilidades de contar con empleados con poco autoconocimiento que aquellas con un alto rendimiento económico. En ese estudio se descubrió que los empleados con mejor rendimiento y un éxito profesional de largo recorrido poseían más autoconocimiento. Estos últimos suelen tener más éxito porque es fácil trabajar con ellos, dado que analizan la información informal necesaria para saber si existe una brecha de autoconocimiento entre cómo los percibe el resto y su percepción y buscan soluciones para cerrarla.

Compartir información informal: tres prácticas para cerrar la brecha del autoconocimiento

Al inicio de mi carrera, le ofrecí *coaching* y asesoramiento a Brendan, un gerente sénior de finanzas empresariales. Unos años después, había ascendido a director financiero y se rumoreaba que estaba entre los candidatos para ser el siguiente director ejecutivo. Me sentaba frente a él para observar su trabajo día tras día. No trabajaba demasiadas horas, pero sí pasaba mucho tiempo al teléfono, en reuniones y hablando con las personas de la oficina.

Le pregunté en una ocasión si nunca se cansaba de hablar con otros individuos. «Sí, claro, soy introvertido, pero mi misión es saber lo que piensan los que se sientan a mi mesa».

Brendan tenía mucho éxito porque sabía qué pensaban y sentían los demás. Comprendía los distintos desafíos a los que se enfrentaban. Ofrecía consejos, respaldo y datos informales a sus compañeros de equipo. Hablaba con su jefe y buscaba maneras de ayudarlo. Entendía el negocio porque conocía a las personas que lo conformaban. Y, lo más importante, sabía la percepción que tenían esas personas de él. De

---

31. O'Callaghan, M. *et al.,* «A Better Return on Self-Awareness», *Korn Ferry Advance*, consultado el 3 de septiembre de 2022, https://www.kornferry.com/institute/647-a-better-return-on-self-awareness

este modo, todo el tiempo que pasaba con ellas era un esfuerzo por cerrar la brecha.

Para cerrar la brecha del autoconocimiento no basta con un único esfuerzo; debe convertirse en un hábito. Necesitamos conocer las prácticas que nos ayudarán a acceder a la información informal necesaria para desarrollar el conocimiento propio, de los demás y corporativo.

Práctica 1: reflexiona, revisa, regula (el ciclo del autoconocimiento)

El autoconocimiento no se desarrolla en soledad. Aprender a interpretar lo que piensan de nosotros las personas que tenemos alrededor es un proceso dinámico. Brendan buscaba de manera constante información sobre cómo lo percibía el resto. Por ejemplo, una vez a la semana, hablaba conmigo y me pedía opiniones, ideas y consejos sobre cualquier tema, desde gestionar conflictos en los equipos como decisiones corporativas, pasando por cuestiones relacionadas con la moral del personal y su propio desarrollo. Sabía que no cumpliría sus aspiraciones si los demás no lo apoyaban. Debía centrarse en gestionar la forma de conseguir sus objetivos y lo hacía pidiendo *feedback*, dedicando tiempo a conocer a sus compañeros, apoyándolos y animándolos. Cada vez que Brendan me pedía mi opinión sobre su perspectiva, recopilaba un dato informal que usaba para entender la percepción que tenía de él y la manera en la que creía que se enfrentaba a las distintas situaciones.

El autoconocimiento es un ciclo dinámico y continuo de reflexión sobre quiénes somos y cómo pensamos que nos ven los demás, buscando pistas o pruebas que lo contradigan y revisando esta información para decidir cómo regular nuestro comportamiento, con el fin de presentarnos como queramos. Así, ese ciclo de autoconocimiento incluye tres etapas: reflexionar, revisar y regular.

Reflexionar

La reflexión es la práctica de pensar en nuestros comportamientos, pensamientos y sentimientos y el impacto que tienen en los demás.

Por ejemplo, evoca una situación difícil en el trabajo, como algún momento en el que una decisión te haya provocado frustración o ira. ¿Cómo actuaste? ¿Levantaste la voz, suspiraste o pusiste los ojos en blanco? ¿Qué pensabas o sentías? ¿Cómo influyó en tu comportamiento tu reacción emocional? ¿Cómo afectó a la respuesta de los demás? Aunque creas que tu comportamiento fue una respuesta proporcionada para la decisión, ¿qué pruebas hay de que otras personas pensaran lo mismo?

Según las investigaciones publicadas en el artículo de *Harvard Business Review* de 2018[32] titulado «What Self-Awareness Really Is (And How To Cultivate It)», para desarrollar autoconocimiento no basta con entender nuestros sentimientos, pensamientos y comportamientos. Igual que conocer nuestro tipo de personalidad, la introspección no desarrolla el autoconocimiento. Las personas de este estudio que se hacían preguntas que empezaran por «¿Por qué…?» tenían un menor autoconocimiento. «¿Por qué no me gusta mi trabajo? ¿Por qué no me llevo bien con mi jefe? ¿Por qué no estoy de acuerdo con esta decisión? Igual que un test de personalidad, no basta con saber por qué hacemos lo que hacemos.

Cuando los individuos reflexionan sobre las razones de sus acciones, son menos conscientes porque están examinando sus propias creencias (¿por qué creen en lo que hacen?). No buscan pruebas que contradigan esas ideas. Por ejemplo, ¿qué pruebas hay de que nos falten las habilidades necesarias para hacer nuestro trabajo? ¿Somos difíciles de gestionar? Si es así, ¿cómo lo sabemos? ¿Qué pruebas hay de que no somos lo bastante buenos? Cuando nos hacemos preguntas que comienzen por «¿Por qué…?», las respuestas dependen de nuestros miedos, inseguridades, sesgos y creencias. No me gustan ni mi jefe ni mis compañeros porque es difícil trabajar con ellos.

Para desarrollar el autoconocimiento, debemos reflexionar sobre las preguntas que comienzan por «¿Qué…?», no en los porqués. ¿Qué necesitaríamos para disfrutar de nuestro trabajo, llevarnos bien con nuestro jefe o aceptar esa decisión importante? Cuando nos hacemos

---

32. Eurich, T., «What Self-Awareness Really Is (and How to Cultivate It)», *Harvard Business Review*, 4 de enero de 2018, https://hbr.org/2018/01/what-self-awareness-really-is-and-how-to-cultivate-it

este tipo de preguntas, buscamos pruebas y *feedback* sobre dónde se encuentra la brecha y cuáles son las acciones necesarias para cerrarla.

En otro estudio de *Harvard Business Review,*[33] los investigadores descubrieron que el personal que trabajaba en una centralita y pasaba quince minutos al día reflexionando sobre lo que había ocurrido y lo que podrían haber hecho mejor aumentaba su rendimiento (según los comentarios de los clientes) en un 23 % durante los diez días siguientes, en comparación con los profesionales que no dedicaban ese tiempo a reflexionar.

Cuando la reflexión se vuelve una práctica habitual,[34] no sólo mejora el rendimiento. Según las investigaciones, la reflexión habitual en el trabajo se asocia a una mayor satisfacción y bienestar, mejores decisiones, sentimientos positivos y menos ansiedad y depresión.

Reflexionar es tan fácil como dedicar unos minutos al día a pensar sobre lo que hemos hecho en el trabajo y cómo lo hemos hecho. En esta práctica se debe reflexionar sobre lo que podríamos mejorar, en lugar de pasarnos horas examinando las razones tras nuestros actos.

Revisar

Mientras que la reflexión es un proceso interno para entender cómo trabajamos y lo que podemos mejorar, la revisión es el proceso por el que nos planteamos cómo otras personas perciben nuestro rendimiento. El objetivo de la revisión es recopilar tanta información informal como sea posible (*feedback* o distintas perspectivas sobre nuestro rendimiento) con el fin de entender si existe una brecha entre la opinión que tiene el resto de nosotros y la nuestra. El objetivo de la revisión es poder decidir cómo debemos actuar para cerrar la brecha, si es que existe.

---

33. Di Stefano, G. *et al.,* «Making Experience Count: The Role of Reflection in Individual Learning», *Harvard Business School NOM Unit Working Paper,* pp. 14-93, 2016, consultado el 3 de septiembre de 2022, https://papers.ssrn.com/sol3/papers.cfm?abstract_id=2414478

34. Sutton, A. *et al.,* «A Longitudinal, Mixed Method Evaluation of Self-Awareness Training in the Workplace», *op. cit.*

Mientras que la reflexión es algo que podemos hacer por nuestra cuenta, para la revisión necesitamos las ideas de los demás, lo que es difícil porque quizá gran parte de nuestro trabajo no sea evidente a ojos del resto. De hecho, muchas tareas que llevamos a cabo en el entorno laboral pasan desapercibidas. Nadie nos observa mientras redactamos un informe, llevamos a cabo un análisis o creamos una presentación. Incluso aunque exista una manifestación física, como una hoja de Excel, quizá haya pocos trabajadores a nuestro alrededor que vean cómo la hemos creado o con quién. Según un estudio de 2014[35] publicado en *Information Systems Research*, el trabajo se está volviendo cada vez más invisible, ya que cada vez se llevan a cabo menos tareas que el resto pueda observar físicamente. Lo más probable es que no nos percatemos de las tareas de nuestros compañeros o su manera de abordarlas. Al mismo tiempo, ellos no saben cuáles llevamos nosotros ni cómo. Con el modelo híbrido, los trabajadores no son conscientes de en qué están trabajando sus compañeros y cómo lo están haciendo. Esa reducción en la visibilidad[36] aumenta la duplicación de tareas y mengua la confianza, la coordinación, la innovación, el aprendizaje entre iguales y la cooperación. Sin embargo, en última instancia, una falta de visibilidad nos afecta porque reduce el autoconocimiento.

Necesitamos los comentarios de nuestros compañeros para saber si existe una brecha de autoconocimiento y lo que necesitamos hacer para cerrarla, saber cómo perciben las tareas que llevamos a cabo y nuestra manera de hacerlas. Este paso puede ser tan sencillo como dedicar unos minutos entre tareas a reflexionar sobre lo que se ha logrado y preguntarles a los demás qué impacto ha tenido en ellos. Por ejemplo, cuando impartía programas de desarrollo de liderazgo como parte de mi negocio de consultoría, dedicaba unos minutos de la sesión a pedir *feedback* a los otros instructores y a los asistentes. ¿Vamos demasiado rápido? ¿El contenido tiene sentido? ¿Alguien tiene alguna pregunta sobre lo que hemos tratado? ¿Qué se puede hacer para satis-

---

35. Leonardi, P. M., «Social Media, Knowledge Sharing, and Innovation: Toward a Theory of Communication Visibility», *Information Systems Research*, vol. 25, n.º 4, pp. 796-816, octubre de 2014, https://doi.org/10.1287/isre.2014.0536
36. *Ibid.*

facer a todos? Estas comprobaciones creaban oportunidades para que los demás me hicieran saber su opinión sobre la sesión y yo pudiera realizar los cambios pertinentes.

Revisar es la práctica de evaluar nuestro rendimiento. La mayoría espera hasta la revisión trimestral o anual con su supervisor para examinar su progreso, pero, en ese punto, quizá sea demasiado tarde para mejorar. Cuando hayamos reflexionado sobre lo que queremos perfeccionar, la única manera de saber si estamos avanzando es evaluándonos, lo que supone dedicar unos minutos a la semana a revisar los logros y la manera de conseguirlos para ver dónde se puede mejorar más aún y dónde no hemos cumplido las expectativas. Luego, podemos evaluar nuestro propio análisis al compararlo con la visión de otras personas sobre nuestro rendimiento para ver si existe alguna brecha. Es tan fácil como pedirles que analicen un documento que hayamos entregado o nuestra forma de gestionar al equipo para entregar un proyecto.

El objetivo de la revisión propia es identificar brechas en nuestro autoconocimiento. Una persona que goza de él como Brendan sabe dónde se encuentra la brecha entre la percepción de sí misma y la de los demás porque dedica tiempo a repasar las pruebas. Por lo tanto, no sólo se centra en su autoevaluación. En lugar de eso, busca información que pueda facilitarle pistas sobre cómo la ven los demás y lo que necesita hacer para cerrar la brecha. Al revisar constantemente nuestro rendimiento e incluir la evaluación del resto en nuestro análisis general, sabremos qué cambios necesitamos hacer. Así es como se cierra la brecha para que no haya sorpresas cuando llegue la revisión de rendimiento anual.

Regular

La mayoría odiamos[37] que se evalúe nuestro rendimiento. Nos preocupa que los demás nos perciban bajo una luz negativa. De hecho, según

37. Chun, J. *et al.*, «People Don't Want to Be Compared with Others in Performance Reviews. They Want to Be Compared with Themselves», *Harvard Business Review*, 22 de marzo de 2018, https://hbr.org/2018/03/people-dont-want-to-be-compared-with-others-in-performance-reviews-they-want-to-be-compared-with-themselves

una encuesta a las compañías de Fortune 1000 realizada por un comité ejecutivo corporativo, el 66 % de los empleados sentía una profunda insatisfacción sobre su evaluación de rendimiento. Una de las razones por las que dichas evaluaciones no son útiles es que sólo se llevan a cabo un par de veces al año. Para cuando se informa a una persona de la perspectiva que podría haber empleado para abordar una situación, ya es demasiado tarde. Las evaluaciones de rendimiento sólo funcionan si son constantes. Por suerte, no tenemos que esperar a que lo hagan nuestros gerentes. Si, como Brendan, revisamos nuestra manera de trabajar constantemente, sabremos las brechas de autoconocimiento que existen y podremos cerrarlas regulando nuestro comportamiento.

La regulación es la práctica de ajustar nuestro comportamiento en el trabajo para asegurarnos de que tiene un impacto positivo en nuestros compañeros.

El último paso del ciclo de autoconocimiento es modificar nuestra conducta para cerrar la brecha. En el ejemplo de Brendan, sabía que su personal creía que tendía a microgestionar, sobre todo cuando llegaba el momento de concluir el informe anual de la compañía. Brendan era el responsable de dar forma al documento. Por eso, con el fin de ajustar su enfoque, hablaba con el equipo para preguntarle cómo prefería que lo gestionara. Delegaba estableciendo expectativas claras, proporcionando *feedback* con regularidad e intentando deshacerse del perfeccionismo. Según las investigaciones, el mayor autoconocimiento[38] se asocia a una conducta autorregulada y mejorada, bienestar psicológico y salud mental. Cuando reflexionamos sobre nuestro rendimiento y aceptamos las evaluaciones de los demás, sabemos dónde se encuentra la brecha y qué hacer para cerrarla. El autoconocimiento es el arte de ajustar nuestro comportamiento para reducir la brecha entre nuestra propia percepción y la de los demás. En el artículo de 2015 de *Harvard Business Review* titulado «We're Not Very Self-Aware, Especially At Work», se revela que nos gusta trabajar con personas que aceptan el feedback y hacen los cambios necesarios en su comportamiento. La capacidad de reacción muestra nuestro interés y la confianza que pue-

---

38. Sutton, A. *et al.,* «A Longitudinal, Mixed Method Evaluation of Self-Awareness Training in the Workplace», *op. cit.*

den depositar otras personas en que nos comportaremos de cierta manera, con sus intereses en mente. Cuando sepamos lo que necesitamos cambiar, lo único que debemos hacer es cambiarlo.

Práctica 2: desarrollar el conocimiento de otras personas a través de la toma de perspectiva

Con el dedo índice,[39] dibújate una letra E en la frente. ¿La has delineado de forma que puedas leerla tú? ¿O de manera que pueda leerla otra persona? Según un estudio publicado en 2004 en el *Journal of Social Clinical Psychology*, aquellos individuos con más autoconocimiento dibujan la E desde la perspectiva de otra persona en vez de desde la suya. Sería igual que guiar a una persona por un laberinto. Le pediríamos que girara a izquierda o derecha según su perspectiva, no la nuestra. Las personas con mayor autoconocimiento cometen menos errores al dirigir a las demás.

La toma de perspectiva es la práctica de plantearse cómo piensa, siente y se comporta un individuo y por qué. Potencia la empatía porque, sin ella, es probable que queramos usar a los demás por cómo pueden respaldar nuestras ambiciones, con independencia del precio que tengan que pagar. Sin embargo, va más allá de la empatía, que reconoce lo que siente otra persona, al identificar las razones por las que alguien actúa como actúa, es decir, lo que quizá esté pensando y la influencia que tienen sus ideas en el comportamiento.

Cuando no nos involucramos en la toma de perspectiva, solemos confiar en los prejuicios para dirigir nuestras interacciones. Según las investigaciones,[40] se necesita menos de una décima de segundo para formarse una idea de una persona. La miramos y decidimos en unos segundos si es competente, agradable, cálida, solidaria y fácil a la hora de colaborar. Nuestras impresiones no son aleatorias, se basan en nues-

---

39. Silvia, P. J. y O'Brien, M. E., «Self-Awareness and Constructive Functioning», *op. cit.*
40. Willis, J. y Todorov, A., «First Impressions: Making Up Your Mind After a 100-Ms Exposure to a Face», *Psychological Science*, vol. 17, n.º 7, pp. 592-598, julio de 2006, https://doi.org/10.1111/j.1467-9280.2006.01750.x

tras experiencias, creencias y sesgos. Hacemos juicios espontáneos sobre si una persona es cálida, solidaria y buena trabajadora en equipo según su aspecto físico y el comportamiento no verbal, como gestos, contacto visual y expresiones faciales. Estos prejuicios no cambian con el tiempo.[41] De hecho, cuanto más tiempo tenemos para formarnos una impresión inicial sobre alguien, solemos reafirmarla, aunque no sea verdad.

Los juicios espontáneos suelen ser erróneos porque nos falta contexto. No relatan por qué una persona piensa, siente y se comporta como lo hace. Sin embargo, al adoptar la toma de perspectiva, es más probable que interpretemos con precisión los pensamientos, sentimientos y comportamientos del otro individuo. Por ejemplo, cuando se produjo la pandemia, el colegio de mis hijos cerró. Como muchas familias con dos salarios, mi marido y yo hicimos malabares para darles clase en casa e ir al trabajo a tiempo completo. A menudo, apagaba la cámara porque no quería que mis hijos distrajeran a mis compañeros. Un líder sénior de la compañía en la que trabajaba me ofreció feedback, me dijo que sentía que no estaba comprometida o involucrada, que necesitaba estar más presente en las reuniones. Sin embargo, si hubiera adoptado la toma de perspectiva, habría entendido lo mucho que estaba intentando permanecer presente y participar, a pesar de estar educando a dos niños de menos de seis años. Cuanto más preciso sea nuestro análisis[42] de las razones detrás del comportamiento, las emociones y las ideas de una persona, en mejor posición estaremos para responder con empatía, atención y comprensión.

Según las investigaciones, cuando los individuos[43] adoptan la toma de perspectiva, aumenta su conocimiento de sí mismos y de los demás, mejorando su relación. Por ejemplo, Menlo Innovations[44] es una pequeña compañía de diseño de *software* con sede en Míchigan que depende de la colaboración entre programadores informáticos para desarrollar dicho *software*. La compañía se asegura de que trabajen juntos

41. *Ibid.*
42. Stephens, J. P. *et al.,* «High-Quality Connections», *op. cit.*
43. Dierdorff, E. C. et al., «The Power of Percipience», *op. cit.*
44. Stephens, J. P. *et al.,* «High-Quality Connections», *op. cit.*

aprendiendo datos sobre los demás a través de la toma de perspectiva. Todos los días, a las diez de la mañana, los programadores forman un círculo e intercambian una breve actualización de su trabajo. Todos pueden compartir información relacionada con sus desafíos, preocupaciones y formas de abordar las tareas. A otros se les anima a escuchar con empatía y a considerar las demás perspectivas. Luego, se ofrecen consejos, ayuda y gratitud por sus esfuerzos. El objetivo no es sólo que el personal sea consciente de lo que están haciendo los demás y por qué, sino también de ayudar a sus compañeros a participar en el principio de la reciprocidad entendiendo los diversos puntos de vista y ofreciendo apoyo, aprecio y tranquilidad con el fin de fortalecer las conexiones y fomentar la colaboración.

Una falta de conocimiento propio y de los demás daña el rendimiento individual y colectivo. Por ejemplo, piensa en una persona de tu equipo que hace lo mínimo imprescindible, lo que el mundo académico llama «pereza social». A menudo, estas personas no son conscientes de que los demás advierten que están desatendiendo sus responsabilidades. Cuantos más miembros del equipo lo perciban, menos probable es que interactúen con ellas o esperen su contribución. Con el tiempo, la falta de compromiso las desconecta del grupo. La única manera de romper el círculo es que la persona que sufre pereza social se dé cuenta de cómo se está comportando y del impacto que tiene (autoconocimiento), así como de por qué su equipo no interactúa con ella (conocimiento de los demás).

Cualquiera puede participar en la toma de perspectiva para mejorar su conocimiento propio y del resto. Cuando se trata de practicar dicha toma de perspectiva, se suele asumir que es tan fácil como suponer lo que está sintiendo la otra persona. Por eso, si trabajamos en un equipo con un perezoso social, podemos pensar en lo que siente como respuesta al aislamiento de sus compañeros. No obstante, esta práctica no es tan eficaz como imaginarnos siendo ese individuo. Cuando nos ponemos en la situación de otra persona, lo que siente y piensa y las razones tras su comportamiento, entendemos con mayor precisión su perspectiva.

Aunque la manera más adecuada de conocer las ideas y emociones de alguien es preguntárselas, suele ser difícil porque quizá no se sienta cómodo compartiéndolas o le falte el autoconocimiento necesario para saber la respuesta. No obstante, podemos usar la toma de perspectiva para imaginarnos en una situación similar. Si pensamos en el ejemplo del perezoso social, podríamos entender su perspectiva al adoptar su papel e imaginar lo que siente y piensa y el motivo. ¿Por qué no contribuimos en las actividades de equipo? ¿Nos sentimos excluidos? ¿Sabemos qué contribución se espera que hagamos? ¿Cuál es nuestra experiencia en relación con el equipo y cómo está contribuyendo a nuestras decisiones? Luego, nos plantearemos qué necesita cambiar la otra persona en su conducta. En ese caso, desde el punto de vista del perezoso social, ¿cómo necesitaríamos contribuir a la tarea grupal? Es útil pensar en una situación similar en la que nos hayamos encontrado, como una época en la que nos sintiéramos excluidos o inseguros sobre las expectativas de los demás. ¿Qué hizo que nos sintiéramos a gusto para participar o contribuir? Por último, nos preguntaremos cuál sería nuestra respuesta si fuéramos el perezoso social cuando una persona nos ofreciera lo necesario para suplir esas necesidades. ¿Cómo reaccionaríamos si un miembro del equipo nos contactara para asegurarse de que nos sentimos incluidos y nos informara de lo que necesita de nosotros?

Cuando las personas convierten en rutina la adopción de la toma de perspectiva, mejora el rendimiento individual y grupal, ya que nos permite no mostrarnos indiferentes ante el sufrimiento ajeno. A través de ella, entendemos el impacto que tiene nuestro comportamiento y el de otras personas en los demás y en el equipo. Cuanto más adoptemos la perspectiva de los demás y actuemos como apoyo (siguiendo el principio de la reciprocidad), más probabilidades tendremos de que ellos también nos respalden.

Práctica 3: compartir reflexiones para desarrollar el conocimiento corporativo

Brendan tenía un don para hacer que las personas se sintieran comprendidas. Se reunía con ellas para descubrir en qué estaban trabajando, lo que necesitaban y si había algo que no les estuviera funcionando.

A cambio, compartía su perspectiva. Cuantas más personas reflexionaban sobre los conocimientos acerca de la organización, más entendía Brendan cuál era su experiencia en la compañía. Y viceversa. Para forjar una relación sólida en el trabajo, necesitamos que los demás sientan que los entendemos.

Las reflexiones son la información informal que comparten las personas en el trabajo y nos ayudan a entender lo que opinan de la empresa, como la dinámica en las relaciones de un equipo, los puntos fuertes o débiles de cada miembro, las normas del grupo y las decisiones o desafíos corporativos. Por ejemplo, podía ofrecer mis reflexiones sobre los conocimientos que tenía sobre los equipos de Londres, Houston y Perth porque sabía cómo se percibían las oficinas entre sí. Y podía usar esa comprensión para ayudar a los equipos a mejorar su colaboración. Cuando comprendemos cómo perciben nuestros compañeros las intenciones, necesidades, conductas y contextos de los demás, nos vemos tanto a nosotros mismos como a la empresa desde los ojos de otra persona.

Cuando nos falta conocimiento corporativo, tomamos malas decisiones porque no tenemos en cuenta todos los hechos y no estamos en contacto con los pensamientos y sentimientos de las personas. El conocimiento corporativo depende de lo dispuesto que esté el personal a compartir sus reflexiones. Por desgracia, muchos individuos tienen la falsa creencia de que el conocimiento es poder (como dice un antiguo dicho). Como consecuencia, suelen acaparar la información porque sienten que tienen una ventaja con la que no cuentan los demás. Sin embargo, en la práctica, el viejo refrán no es cierto porque al compartir nuestras reflexiones desarrollamos conocimiento corporativo. Hacemos que otras personas se sientan cómodas compartiendo sus ideas con nosotros cuando les confiamos las nuestras. El nivel de confianza que depositamos en los demás determina las posibilidades que tenemos de trabajar con ellos o de ofrecerles nuestro apoyo ante un asunto complicado o ayuda para que tengan éxito.

Compartir conocimientos y reflexiones es nuestra forma de demostrar confianza. Cuando confiamos en una persona, es más probable que nos abramos y les contemos nuestras reflexiones sobre cómo percibimos la organización. Para colaborar en persona o de manera virtual, debemos confiar los unos en los otros, lo que supone crear una comprensión mutua. Debemos entender las intenciones, necesidades y comportamientos del resto. Cuando dedicamos tiempo a entender su perspectiva, demostramos nuestra disposición a actuar con sus intereses en mente, volviéndonos dignos de su confianza. Cuanto más comprendida se sienta una persona en nuestra presencia,[45] más confiará en nosotros. Además, cuanto más claro[46] tengamos que otros individuos entienden nuestras motivaciones, más posibilidades habrá de que nos regalen su confianza.

Para desarrollar el conocimiento corporativo,[47] debemos convertir en rutina la práctica de compartir información, dedicando tiempo, como Brendan, a reunirnos con nuestros compañeros e intercambiar puntos de vista sobre la empresa. El desafío de compartir reflexiones se encuentra en que muchas personas lo confunden con cotilleos, que supone compartir información informal con intenciones privadas. No obstante, desarrollar conocimiento corporativo consiste en demostrar que nos importan nuestros compañeros prestándoles atención, valorando sus contribuciones, entendiendo sus desafíos y escuchando sus necesidades. Tenemos que plantearnos la frecuencia con la que adoptamos las siguientes conductas para saber si estamos desarrollando nuestro conocimiento corporativo al compartir reflexiones.

- Dedicar tiempo a escuchar a los compañeros y considerar las distintas opiniones y puntos de vista.
- Prestar atención a las necesidades de los demás y mostrar un interés genuino por las ambiciones, metas y avances profesionales de los compañeros.
- Reconocer las contribuciones y el esfuerzo de los miembros del equipo.
- Expresar en voz alta lo valioso que es cada miembro y los atributos únicos que aporta al grupo.

---

45. Mortensen, M. y Neeley, T. B., «Reflected Knowledge and Trust in Global Collaboration», *op. cit.*

46. *Ibid.*

47. Stephens, J. P. *et al.,* «High-Quality Connections», *op. cit.*

Dedicar tiempo a escuchar[48] a nuestros compañeros y entender sus desafíos garantiza que ellos deseen estar con nosotros y contribuir a nuestro éxito porque habremos invertido en su crecimiento y desarrollo al ayudarles a superar retos o compartir sus dificultades en el trabajo. La relación es bilateral, por lo que es esencial equilibrar el tiempo que pasamos compartiendo nuestras reflexiones con el que dedicamos a comprender los puntos de vista de otras personas. Una manera de saber que estamos invirtiendo el tiempo suficiente en compartir nuestras reflexiones es recordar una decisión importante que se ha tomado en nuestra compañía, como un cambio en el liderazgo, una reducción de personal o el rechazo de un proyecto concreto. Luego, pensemos en las personas que tomaron partido en dicha decisión. ¿Comprendimos su perspectiva en cuanto a los desafíos, oportunidades o costes que la decisión les ha provocado? Cuanto más sepamos sobre la experiencia de nuestros compañeros en la organización al tomar decisiones complicadas, mayor será nuestra seguridad a la hora de predecir sus respuestas ante futuros desafíos. Cuando conocemos las posibles conductas de los demás, sabemos cómo debemos actuar para colaborar con ellos. De igual manera, si intuyen cómo es probable que nos comportemos, entenderán la manera de trabajar con nosotros.

No finjas hasta que tengas éxito

La idea de «fingir hasta que se alcanza el éxito» anima a presentar ideas, emociones y comportamientos de una manera confiada, directa y asertiva, aunque no se correspondan con la realidad. Se espera que, si se actúa así, nuestros pensamientos y sentimientos acaben coincidiendo con esa farsa. Sin embargo, se necesita mucho esfuerzo mental y emocional para conseguirlo. Es estresante fingir que somos otra persona. O esconder nuestra manera de pensar o sentir porque nunca se sabe quién va a delatarnos. A las personas que suelen fingir se las considera camaleones sociales porque crean una imagen pública que coincide con la que otros esperan de ellas. Tienen un control activo sobre sus

---

48. *Ibid.*

expresiones en situaciones sociales, eligen las palabras, el tono, el vestuario y los gestos de forma meticulosa. A estos individuos, como suelen fingir que sus intereses son otros, se les acusa de hipócritas. El desafío se encuentra en que su comportamiento no es coherente o predecible, por lo que es difícil confiar en ellos.

Por otro lado, es fácil confiar en personas con un comportamiento coherente. El reto reside, por lo general, en que dichos individuos pasan por alto lo que hacen sentir a otras personas con sus ideas, pensamientos y acciones. Estas personas suelen escudarse en el «Soy como soy y nadie me va a cambiar». El problema de este enfoque es que es egoísta. Cuando no deseamos ajustar nuestra perspectiva para gestionar el impacto que tiene en los demás, lo que demostramos es que no nos importan. No obstante, mostrar nuestro verdadero yo no se basa sólo en decir: «Soy así, lo tomas o lo dejas». Tampoco en fingir. Ser auténtico es tener conocimiento de uno mismo, de las demás personas y corporativo.

Cuando nos comportamos de forma genuina, son nuestros valores, creencias, pensamientos y sentimientos los que guían nuestras acciones. Según diversas investigaciones,[49] comportarse de manera predecible y coherente, según lo que se cree y se valora, aumenta la autoestima y el bienestar emocional, además de reducir la ansiedad y la depresión. No obstante, lo más importante es que esto supone tener en cuenta la perspectiva que tiene el resto de nosotros. Las personas que gozan de autoconocimiento no distorsionan, exageran o ignoran la información informal que influye en su desarrollo. En su lugar, recopilan y comparten de manera activa dichos datos informales para conseguir conocimientos sobre sí mismas. Su objetivo es identificar la brecha entre la percepción propia de sus comportamientos y la de los demás con el propósito de saber qué acciones son necesarias para cerrarla.

---

49. Gardner, W. L. *et al.,* «'Can You See the Real Me?' A Self-Based Model of Authentic Leader and Follower Development», *Leadership Quarterly*, vol. 16, n.º 3, pp. 343-372, junio de 2005, https://doi.org/10.1016/j.leaqua.2005.03.003

5
DESARROLLO INFORMAL
Cómo aprender a leer entre líneas

Sentada en una pequeña oficina polvorienta y sin ventanas en Houston (Texas), me pregunto si Shaun, el director ejecutivo de una compañía de *software* de reclutamiento en línea, conseguirá mantener su trabajo. Parece el típico director ejecutivo, un hombre blanco heterosexual de clase media, con educación superior y sin discapacidad. Durante los últimos veinticuatro meses, he estado ofreciendo *coaching* a Shaun para ayudarle a ser más inclusivo, empático y solidario.

Empezó su carrera como desarrollador de *software* y ahora dirige un negocio que está a punto de salir a bolsa. Su compañía ha crecido rápidamente y, aunque tenga todas las habilidades necesarias para hacer su trabajo como director ejecutivo, Shaun tiene dificultades para relacionarse con las personas. Como resultado, la encuesta anual del personal revela que los empleados no se sienten incluidos, respaldados, valorados o conectados a la compañía, por lo que muchos están pensando en dimitir. El comité le ha dado a Shaun doce meses para cambiar estos resultados. El único problema es que no sabe cómo hacerlo. La mayoría del *feedback* que Shaun ha recibido revela un tema constante: se centra en sus logros a expensas de gestionar su forma de colaborar con el resto.

Observo los libros que tiene en la estantería detrás de él. Casi todos son manuales técnicos y guías de los cursos de formación que ha completado. Sin embargo, no necesita seguir desarrollando sus habilidades técnicas. Cuenta con todo un equipo de expertos técnicos. Su trabajo es liderar. Para hacerlo, debe aprender a motivar a su personal, apoyar su desarrollo y forjar relaciones con equipos diversos, lo que requiere la capacidad de leer entre líneas. No existe formación para esto, es algo que tendrá que aprender con la práctica.

En muchos aspectos, representa a la mayoría de los líderes de hoy en día. Cierra los ojos durante unos minutos. Quiero que te imagines qué aspecto tiene el líder competente ideal en tu entorno laboral. ¿Cuáles son sus características demográficas? ¿Cómo habla? ¿Cómo se comporta? ¿Se centra sólo en las tareas? ¿Es dominante y asertivo? ¿Les dice a sus empleados qué hacer y éstos siguen sus órdenes? ¿O es democrático, solidario, inclusivo y comprensivo? ¿Se centra más en las personas que en las políticas o procesos? El «trabajador ideal» es un término académico utilizado para describir la imagen mental de las características deseables en términos de competencia y liderazgo. El trabajador ideal es la imagen mental compartida que todos tenemos de los comportamientos que necesitamos presentar para gozar de éxito en el trabajo.

Aunque el trabajador ideal sea un poco distinto en todos los entornos laborales, sectores o países, según las investigaciones de los últimos treinta años (conducidas por la psicóloga de liderazgo empresarial Virginia E. Shein), la percepción de los empleados del trabajador ideal es bastante constante. Para muchos individuos, el trabajador ideal es alguien muy parecido a Shaun, el típico hombre blanco. Además, en mis propios estudios he descubierto que el trabajador ideal no es sólo alguien dominante, asertivo, agresivo y competitivo, sino también una persona que esté dispuesta a trabajar muchas horas, tener un comportamiento excluyente y discriminar a otros individuos para mantener su posición dominante en el trabajo y avanzar en su carrera. Presentar estos comportamientos es la manera de conseguir logros individuales, por lo general a expensas de los compañeros.

El trabajador ideal existe porque nuestra idea de cuáles son las buenas cualidades se formó durante la era industrial, cuando la mayoría de las empresas se centraba en la productividad a toda costa, confiando en un enfoque jerarquizado y transaccional del trabajo. El cambio de una economía industrial, en la que la mayoría de las tareas se llevaba a cabo en fábricas, a una economía de la información como la actual, en la que los proyectos se completan en una oficina, ha generado una transformación en el comportamiento del trabajador ideal.

Las compañías se centraron en la automatización y la producción en masa durante la economía industrial. Los individuos ocupaban su puesto en una cadena de montaje en una fábrica y completaban la misma tarea una y otra vez. Maximizar la productividad individual era lo más importante. Sólo necesitaban destrezas manuales y técnicas que podían aprenderse (las llamadas «habilidades duras»). Sin embargo, hoy en día, en la economía de la información, donde el conocimiento y los datos son más valiosos que la producción industrial, las capacidades técnicas o especializadas no son suficientes para avanzar, sobre todo en la era de la automatización. En una oficina, los empleados deben centrarse en qué producen y, especialmente, en cómo lo producen. Como consecuencia, necesitan destrezas sociales y emocionales (a menudo conocidas como «habilidades blandas») para demostrar inteligencia emocional, inclusión, colaboración, pensamiento crítico, flexibilidad, adaptabilidad, autenticidad y resiliencia. En la década de los sesenta, el ejército estadounidense[1] inventó la expresión «habilidades blandas» para diferenciar las destrezas sociales de las técnicas que el personal tenía que desarrollar para trabajar con las máquinas. Aunque nunca se pretendió darles un sentido despectivo, muchas personas asocian la palabra «blandas» a innecesarias o prescindibles, lo que no podría estar más lejos de la realidad. Para mí, las habilidades blandas son «habilidades universales» porque la mayoría las necesitamos para trabajar, sea cual sea nuestro puesto o empresa.

Desarrollar las habilidades duras ayuda a los empleados a centrarse en el qué del trabajo (lo que hacemos, lo que vendemos, en lo que estemos trabajando en una cadena de producción). Sin embargo, las universales les sirven para gestionar la metodología (cómo estamos haciéndolo, vendiéndolo o colaborando). Según una investigación publicada

---

1. Wikipedia, «Soft Skills», consultado el 28 de septiembre de 2022, https://en.wikipedia.org/wiki/Soft_skills

en *Harvard Business Review,*[2] en todos los niveles, cada vez hay más trabajos que requieren mayores habilidades sociales, como la capacidad de persuadir a otras personas, incluirlas y colaborar con ellas. Este tipo de trabajos está creciendo a una velocidad desorbitada y la compensación está aumentando más rápido que la media.

Aunque hay una gran demanda de conocimientos tecnológicos como la tecnología de la información y la programación, categorías laborales que se espera que aumenten un 90 % entre 2016 y 2030, no todos necesitarán estas destrezas técnicas avanzadas. En su lugar eso, de la mayoría se requerirán unas competencias digitales básicas, como la alfabetización informática y las búsquedas en la web, que pueden desarrollarse a través de formatos de aprendizaje tradicionales o programas de formación formales proporcionados por las propias empresas. Como he dicho, a medida que los entornos laborales se vuelvan más informales, ambiguos y volátiles, necesitaremos desarrollar nuestras habilidades universales, las competencias sociales y emocionales, para saber cómo trabajar en equipo con el fin de maximizar nuestra productividad colectiva. Según las investigaciones, el 75 %[3] del éxito laboral a largo plazo depende de las habilidades blandas y sólo el 25 %, de las capacidades técnicas. Además, las empresas consideran que las primeras[4] son un factor primordial para tener un mínimo de éxito en el trabajo.

El desafío actual es que la mayoría, igual que Shaun, sufrimos la resaca del trabajador ideal porque valoramos y participamos en comportamientos que ya no son importantes. Gran parte de los líderes presentan conductas que antes se consideraban normales, pero ahora se consideran contraproducentes, como confiar en la jerarquía o la posición para influir en los demás y adoptar un método de mando y control en la toma de decisiones. En una encuesta de *MIT Sloan Ma-*

---

2. Sadun, R. *et al.*, «The C-Suite Skills That Matter Most», *Harvard Business Review*, julio-agosto de 2022, consultado el 19 de septiembre de 2022, https://hbr.org/2022/07/the-c-suite-skills-that-matter-most
3. Robles, M. M., «Executive Perceptions of the Top 10 Soft Skills Needed in Today's Workplace», *Business Communication Quarterly*, vol. 75, n.º 4, pp. 453-465, octubre de 2012, https://doi.org/10.1177/1080569912460400
4. *Ibid.*

nagement Review[5] a 4393 individuos de más de 120 países, se descubrió que sólo el 12% de los participantes consideraba que sus líderes tenían la mentalidad adecuada para dirigirlos. Presentar los comportamientos del antiguo trabajador ideal influye negativamente en los líderes porque nadie quiere trabajar con o para ellos. Shaun es una persona diestra y trabajadora, pero sus interacciones con el equipo directivo son abruptas, directas y despreocupadas. Durante sólo un año, la mitad de dicho equipo ha dimitido porque no estaba a gusto en el trabajo.

Además, quizá no nos demos cuenta siquiera de que presentar comportamientos asociados al viejo trabajador ideal reduce nuestra capacidad de sacar adelante el trabajo. Según la investigación de Catalyst en 2010,[6] adherirse a los antiguos métodos de trabajo afecta al rendimiento individual y corporativo. Por ejemplo, la compañía de Shaun casi había doblado el número de trabajadores y la productividad en muy pocos años, a expensas del desarrollo de una cultura inclusiva y colaborativa. Como consecuencia, no lograba atraer ni retener el talento, lo que había estancado el crecimiento de la empresa en los últimos meses. En los entornos de trabajo no se entiende que los comportamientos en los que participan la plantilla y los líderes, asociados al trabajador ideal, no sean los que necesitamos ahora o en el futuro.

Sin embargo, aparte de desarrollar habilidades universales avanzadas, debemos aprender a aplicarlas en el trabajo. Para ser inclusivos, además de a nuestra vida privada, necesitamos aplicar las habilidades universales a los contactos y la información informal del entorno laboral, así como al respaldo del progreso y avance de nuestros compañeros.

En la era industrial, el antiguo mercado laboral, el éxito era sinónimo de tener «poder sobre los demás». Para que alguien se considerara influyente, debía dominar y controlar al resto, decirles a sus compañeros cuándo hacer la pausa para comer o redactar un informe sobre una persona que hubiera llegado tarde. Cuanto más microgestionáramos e impusiéramos órdenes a las personas para que nos siguieran, más pro-

---

5. Ready, D. A. *et al.*, «The New Leadership Playbook for the Digital Age: Reimagining What It Takes to Lead», *MIT Sloan Management Review*, 21 de enero de 2020, https://sloanreview.mit.edu/projects/the-new-leadership-playbook-for-the-digital-age/

6. Sabattini, L. y Dinolfo, S., «Unwritten Rules: Why Doing a Good Job Might Not Be Enough», *op. cit.*

babilidades había de que se nos considerara un líder en potencia. Excluir o menospreciar a las personas era una manera de mantener el poder, igual que reservarse la información importante o compartirla sólo con unos privilegiados. El éxito en detrimento de las personas o el medioambiente se consideraba una práctica corporativa aceptable.

Por ejemplo, en cuanto a los cuatro sistemas informales de trabajo (redes, información, desarrollo y progreso), el antiguo trabajador ideal presentaba los siguientes comportamientos:

Redes informales

- Se esforzaba por forjar relación con personas afines (en cuanto a características demográficas).
- Excluía a los compañeros (que eran distintos demográficamente) del acceso a las redes informales con el fin de conservar su poder frente al resto.
- Confiaba en redes pequeñas y exclusivas.

Información informal

- Acaparaba la información informal para mantener su poder, lo que incluía retener datos importantes o compartirlos de manera selectiva.
- Excluía a personas distintas al no compartir esa información importante.

Oportunidades de desarrollo informales

- Esperaba que los líderes otorgaran oportunidades de desarrollo informales a su favor dentro de la organización.
- Exigía *coaching* o mentorías informales ciñéndose a los antiguos estándares del trabajador ideal.

Oportunidades de progreso informales

- Obtenía oportunidades para avanzar siguiendo los antiguos estándares del trabajador ideal y centrándose en las tareas (a menudo a expensas de la manera de trabajar).
- Se centraba en los logros individuales a toda costa.

Sin embargo, el nuevo mercado laboral ha creado nuevas reglas no escritas que se reflejan en la nueva definición de éxito. Ya no se trata de tener poder sobre los demás, sino con los demás, lo que consiste en colaborar con el resto para alcanzar metas. En el nuevo mundo laboral, debemos aprender a superar nuestras diferencias para trabajar juntos, innovar y resolver problemas complejos. Lo importante es que esto supone relacionarnos con personas cuyo bagaje cultural e identidad no coinciden con los nuestros. Así, se desarrollan redes informales diversas, se comparte información informal y se respalda el progreso y desarrollo de nuestros compañeros. El poder colectivo se basa en la reciprocidad, en reconocer que el éxito individual depende de nuestra capacidad colectiva de trabajar codo con codo. Cualquier logro se supedita a nuestra capacidad de centrarnos en lo que se hace y en la manera en que se hace. Por lo tanto, nuestra capacidad para gestionar nuestro método de trabajo es el camino hacia el poder.

Por ejemplo, en cuanto a los cuatro sistemas informales de trabajo, el nuevo trabajador ideal tendrá que presentar los siguientes comportamientos:

Redes informales

- Se esforzará por crear vínculos con personas diversas demográficamente.
- Desarrollará una gran variedad de redes diversas e informales con una mezcla de relaciones estrechas y vagas.
- Forjará relaciones bilaterales.

Información informal

- Compartirá información informal para conectar con los demás, desarrollar relaciones y respaldar el desarrollo del resto.
- Compartirá información informal con un gran número de personas para desarrollar el conocimiento propio, del resto, así como corporativo.

Oportunidades de desarrollo informales

- Buscará oportunidades para aprender habilidades blandas y duras en el trabajo.
- Accederá a oportunidades de desarrollo informales a través de la relación entre iguales.
- Respaldará el desarrollo de los compañeros al ofrecerles asesoramiento, apoyo y directrices.

Oportunidades de progreso informales

- Gestionará de manera activa su avance profesional, en lugar de confiar en que la organización le propondrá oportunidades de progreso.
- Se centrará en los logros colectivos, en lugar de en los logros individuales.
- Devolverá el favor respaldando el avance de sus compañeros.

Cuando nos unimos a una empresa, observamos, a menudo sin ser conscientes de ello, cómo se comportan los líderes. Con el tiempo, entendemos qué condutas se recompensan, respaldan, fomentan y promueven. Son los comportamientos del trabajador ideal. Sin saberlo, empezamos a interiorizarlos y a actuar en consonancia. Queremos que se nos perciba como personas competentes, similares al líder.

El problema es que quizá estemos siguiendo el modelo antiguo sin saberlo. O, como Shaun, no logremos aprender la nueva metodología. En resumen, lo que nos ha llevado hasta ahí no nos hará avanzar mucho más.

Tu potencial es tu capacidad para aprender

Cada vez que pienso en el potencial de una persona, me acuerdo de una vieja parábola zen en la que un alumno de artes marciales le pregunta a su maestro: «He decidido estudiar su sistema marciano, ¿cuánto tiempo tardaré en dominarlo?», a lo que éste último le contesta: «Diez años». Frustrado, el estudiante vuelve a preguntarle: «Pero quiero dominarlo antes, así que trabajaré duro y practicaré todos los días. ¿Cuánto tiempo tardaré entonces?». El maestro hace una pausa, mira con interés al alumno y responde: «Veinte años».

Nuestro potencial para avanzar en el trabajo no depende de nuestra ambición, el número de horas que trabajemos o las cualificaciones y habilidades técnicas que adquiramos a lo largo de nuestra carrera. Cualquiera puede trabajar duro o asistir a un curso. Por desgracia, como el alumno de artes marciales, si creemos que con el trabajo duro bastará, pasaremos años sudando tinta en un puesto que será un callejón sin salida antes de descubrir que nuestra carrera se ha estancado.

Las compañías suelen vender la idea de que el potencial de un empleado depende de las habilidades que incluya en su currículo, pero no es cierto. Basta con echar un vistazo a la manera en la que los empleados ascienden dentro de una empresa. Todos los años, los gerentes se reúnen para hablar de los empleados con potencial para pasar al siguiente nivel. Los líderes debaten las distintas capacidades del personal e intentan llegar a un consenso sobre la lista final de candidatos para los futuros cargos de líder. Lo que se evalúa no es el conjunto de destrezas técnicas o universales que tiene un empleado, sino su capacidad para aprender con la práctica.

Cuando aceptamos un nuevo puesto, por lo general, debemos aprender nuevas destrezas para completar las tareas. Según un informe de 2022 de McKinsey,[7] cuando las personas cambian de trabajo, sobre

---

7. Madgavkar, A. *et al.,* «Human Capital at Work: The Value of Experience», McKinsey

todo cuando pasan a un puesto más importante, este nuevo cargo suele conllevar el aprendizaje de habilidades universales y técnicas que no se trabajaban en el anterior. Por ejemplo, antes de que Shaun aceptara su papel como director ejecutivo, era el jefe de operaciones y supervisaba los aspectos técnicos y operativos del negocio. Cuando pasó a ser el director ejecutivo, el comité le habló de las lagunas en sus destrezas de liderazgo que tendría que suplir, como aprender a ser más inclusivo, democrático y empático. Shaun consiguió el puesto de director ejecutivo porque el comité creía que podría desarrollar esas habilidades en su nuevo cargo. En otras palabras, lo ascendieron por su potencial para aprender con la práctica.

Cada vez que contrato a alguien para mi empresa, trato de entender cuánto potencial tiene. Con esto me refiero a su potencial para aprender nuevas destrezas, completar sus tareas y avanzar hacia algo más grande y mejor. En mi opinión, el potencial es la disposición de una persona a mejorar sus habilidades, enfrentarse a nuevos retos, aprender de sus fracasos y aceptar el *feedback*. Quiero otorgarles mi tiempo y energía a las personas que hagan crecer mi negocio. Las que no quieran desarrollarse o prefieran hacer lo mismo día tras día tendrán dificultades para trabajar en mi compañía. Aunque queremos estabilidad, no podemos gozar de ella porque los entornos laborales se adaptan constantemente a los cambios del panorama más amplio. Nuestra capacidad para adquirir nuevas destrezas determina nuestras posibilidades de conseguir un empleo. Cuanto más podamos aprender, más habilidades adquiriremos y más valiosos seremos para las posibles empresas de nuestro futuro, sobre todo porque demostraremos que sabemos cómo aprender y prosperar.

Nuestro potencial depende de nuestra disposición a desarrollar nuevas habilidades y a hacerlo en el trabajo. La capacidad de aprender influye en nuestro potencial para acceder a ascensos y subidas salariales a lo largo de nuestra vida. Por ejemplo, según un estudio de

---

y Company, 2 de junio, 2022, www.mckinsey.com/business-functions/people -and-organizational-performance/our-insights/human-capital-at-work-the-value-of-experience

2022 de McKinsey,[8] los empleados que tenían acceso a nuevas oportunidades, como nuevas funciones o proyectos especiales para desarrollar sus destrezas, solían conseguir cada vez más oportunidades de desarrollo en el futuro y mejores recompensas económicas. En concreto, según los estudios, la capacidad de un empleado de adquirir nuevas habilidades con la práctica contribuye a casi la mitad de sus ganancias totales. Su capacidad para aprender afecta a lo lejos que llegue profesionalmente.

Más allá del aprendizaje de nuevas herramientas técnicas, todos necesitaremos averiguar cómo presentar los nuevos comportamientos del trabajador ideal para sacar adelante las tareas. Es más, tendremos que ponerlos en práctica cuando creemos redes informales, compartamos información y accedamos a oportunidades de desarrollo y progreso. El potencial, por lo tanto, es en realidad la capacidad de aprender a leer entre líneas.

Shaun tiene tres grados y numerosas cualificaciones técnicas. Sin embargo, su desarrollo se centra casi en exclusiva en las habilidades duras (las carreras o la formación). Como la mayoría, Shaun esperaba que su compañía lo ayudara a desarrollar las habilidades blandas necesarias para tener éxito en su papel como director ejecutivo, pero no lo hizo. Y la mala noticia es que casi ningún entorno laboral lo haría. Sobre todo porque no se pueden aprender en una clase o en un curso en línea. Los programas de aprendizaje formales, que incluyen cualquier formación presencial o virtual, pueden ser perfectos para desarrollar las habilidades duras, pero las universales se aprenden de manera informal, observando a las personas, obteniendo *feedback* informal o a través del ensayo y error. El problema es que la mayoría, como Shaun, no sabemos cómo aprender de manera informal, lo que limita nuestro potencial. Por eso, el comité me encomendó la tarea de ofrecerle *coaching* a Shaun para que pensara en cómo podía desarrollar la nueva metodología y liderar, dado que a la compañía le preocupaba que no tuviera más potencial.

Por eso, hay una preocupación creciente de que muchas personas no tengan las habilidades que necesitan los entornos laborales y que

8. *Ibid.*

esta brecha continúe extendiéndose. El Foro Económico Mundial declaró una «crisis de habilidades»[9] porque, durante la próxima década, se estima que 1100 millones de trabajos cambiarán de manera radical a causa de la tecnología. Por eso, el personal tendrá que desarrollar nuevas capacidades, incluidas las universales. Aun así, gran cantidad de individuos no cree contar con las destrezas necesarias para suplir los requisitos de un mercado laboral cambiante. Por ejemplo, en un estudio de 2016 de Pew Research,[10] se descubrió que el 54 % de los empleados entrevistados creían que debían seguir aprendiendo nuevas habilidades para adaptarse a los cambios en su entorno laboral. No obstante, el 35 % de los profesionales con un grado universitario no consideraban que tuvieran la educación y la formación requeridas para prosperar en el trabajo. Además, siete de cada diez participantes no confiaban en que su empresa fuera a ofrecerles formación y oportunidades de desarrollo. Las compañías de Estados Unidos se gastan unos 160 000 millones de dólares al año en programas de aprendizaje formal, aunque el 75 % de los conocimientos totales se aprenden de manera informal.

Aprender a leer entre líneas: las tres prácticas

Nuestro potencial, la capacidad de aprender,[11] depende de dos factores importantes: la intención de aprender una nueva habilidad y la capacidad de ocuparnos de nuestro propio desarrollo. Cuando se trata de perfeccionar habilidades universales, en muchas ocasiones no nos queda claro lo que queremos aprender y por qué. Una de las razones es que no somos conscientes de los cuatro sistemas informales que existen en los entornos laborales o cómo abrirnos paso por ellos, como comenté en el

---

9. Foro Económico Mundial, «Reskilling Revolution: Preparing 1 Billion People for Tomorrow's Economy», consultado el 19 de septiembre de 2022, www.weforum. org/impact/reskilling-revolution/

10. Ellingson, J. E. y Noe, R. A. *Autonomous Learning in the Workplace*, Routledge, Nueva York, 2017.

11. Littlejohn, A. *et al.*, «Professional Learning Through Everyday Work: How Finance Professionals Self-Regulate Their Learning», *Vocations and Learning*, vol. 9, n.º 2, pp. 207-226, enero de 2016, https://doi.org/10.1007/s12186-015-9144-1

tercer capítulo. Nuestra intención de aprender una nueva manera de forjar redes informales o desarrollar relaciones en el trabajo influye en lo mucho que aprendemos. Cuando lo hacemos de manera informal, observando a otras personas, obteniendo *feedback* informal o usando el método de ensayo y error, nos responsabilizamos de lo que queremos desarrollar (es decir, tenemos intención).

Sin embargo, cuando aprendemos algo sin querer, por defecto o casualidad, no lo interiorizamos, como al descubrir un dato histórico viendo un concurso en la televisión que se nos olvida al día siguiente. La intención requiere que reflexionemos sobre cómo vamos a abordar el aprendizaje de esa habilidad, es decir, que nos responsabilicemos de nuestro desarrollo. En concreto, supone controlar, planificar y buscar maneras de suplir las necesidades de aprendizaje mientras se lleva a cabo nuestro trabajo. Para maximizar nuestro potencial, nuestra capacidad de aprender de manera continua, necesitamos responsabilizarnos de lo que aprendemos y de la manera en la que lo hacemos.

La intención en términos de desarrollo no consiste sólo en cultivar una habilidad nueva que no existiera hace años, sino en aprender a leer entre líneas y hacerlo conectando, apoyando y observando a nuestros compañeros. Por ejemplo, si queremos mostrarnos más colaborativos, tendremos que entender lo eficientes que somos al trabajar con ellos y el cambio que necesitamos hacer. Para conseguir esta información, debemos practicar el conocimiento propio y de los demás, como se ha explicado en el cuarto capítulo.

Para aprender a leer entre líneas, la intención es lo más importante, pero no es suficiente; debemos responsabilizarnos de nuestro desarrollo, identificar maneras de aprender de forma informal a leer entre líneas para completar tareas, observando a los demás o aprendiendo a través del *feedback* o el ensayo y error. He comprobado que las prácticas para aprender a leer entre líneas se centran en ser conscientes de las normas no escritas, entender cómo se implementan en el trabajo y aplicarlas y perfeccionar nuestra capacidad con el tiempo. Estas tres prácticas (conciencia, comprensión y aplicación) reflejan los pasos del ciclo de aprendizaje de una persona sobre cómo mostrar los nuevos comportamientos del trabajador ideal a la hora de abrirse paso por redes informales, compartir información y buscar oportunidades de desarrollo y progreso.

Las tres prácticas se nutren entre sí, por lo que no se puede ignorar ninguna o elegir por conveniencia. Por ejemplo, a medida que somos conscientes de las reglas no escritas en el entorno laboral y entendemos cómo aplicarlas en nuestro trabajo, debemos empezar a implementarlas. No obstante, sólo sabremos si tenemos éxito al ver cómo reaccionan las personas de nuestro entorno a esos comportamientos y al comprender los cambios que debemos hacer. El proceso de aprendizaje y perfeccionamiento de la manera de trabajar es un ciclo continuo entre conciencia, comprensión y aplicación de reglas no escritas.

Práctica 1: conciencia (aprender a observar)

Algunas personas me han preguntado por qué no presento una larga lista de posibles comportamientos del nuevo trabajador ideal para que el resto la siga. No es así como se aprende. Sólo enumerar ciertas acciones normativas para que el público las siga no funciona porque cada persona, interacción, tarea, trabajo, equipo, departamento y entorno laboral es diferente. El truco está en no abrumarnos con una lista exhaustiva de posibles acciones, sino identificar los métodos más eficaces de poner en práctica estos comportamientos en el entorno laboral.

La conciencia es la práctica de aprender con la observación. Seamos o no conscientes, aprendemos a leer entre líneas estudiando cómo las personas se abren paso por los cuatro sistemas informales, por qué unas tienen éxito y otras no. Por ejemplo, Catalyst descubrió en 2010[12] que las personas que conseguían un ascenso tenían por costumbre advertir quién iba en cabeza y cómo sacaba el trabajo adelante. Un abrumador 90 % de personas de ese estudio aprendía a leer entre líneas (lo que en dicho estudio se conocía como «reglas no escritas») observando a los demás y siendo conscientes de qué comportamientos tenían o no éxito.

En muchos entornos laborales, los líderes y empleados siguen cayendo en los antiguos comportamientos que ya no son de utilidad.

---

12. Sabattini, L. y Dinolfo, S., «Unwritten Rules: Why Doing a Good Job Might Not Be Enough», *op. cit.*

Sólo observar el comportamiento de otro individuo (de manera consciente o no) e imitarlo no servirá de mucho para que desarrollemos la capacidad de abrirnos paso por el nuevo mercado laboral. En lugar de eso, necesitamos ser observadores conscientes, lo que supone ver cómo el resto se abre paso por los cuatro sistemas informales y decidir si estos comportamientos nos van a ayudar a tener éxito.

Para aprender a través de la observación, primero debemos identificar ejemplos[13] de cómo las personas aplican las conductas nuevas del trabajador ideal al relacionarse con los cuatro procesos informales, reflexionando sobre lo que hacen. Por ejemplo, piensa en cómo las personas desarrollan redes informales, comparten información o acceden a oportunidades de desarrollo. Reflexionar sobre cómo otras personas se comportan mejora en gran medida nuestra capacidad de aprendizaje. Cuando observamos la manera en la que los demás forjan relaciones informales, comparten datos informales y acceden a oportunidades de desarrollo y progreso, nosotros también podemos usar estas conductas como referente para la nuestra.

En segundo lugar, evaluaremos esos comportamientos para decidir si adoptarlos nos va a servir de ayuda en lo relacionado con los cuatro procesos informales. El objetivo es observar continuamente cuál es la conducta del trabajador ideal que se pone en práctica en nuestro entorno laboral. Sólo entonces identificaremos qué acciones queremos llevar a cabo y las aplicaremos hasta que se conviertan en la base de nuestra manera de trabajar.

Práctica 2: comprensión (aprender de nuestros iguales)

Llevo tres años dando forma a mi consultora, que se especializa en ayudar a los negocios a crear culturas sanas e inclusivas desde cero. Con la empresa he conseguido que cientos de clientes de todo el mundo adquieran resultados de siete cifras en sólo tres años. Mi negocio es

---

13. Marsick, V. J. *et al.,* «Reviewing Theory and Research on Informal and Incidental Learning», 2006, consultado el 19 de septiembre de 2022, https://eric ed.gov/?id= ED492754

un éxito porque no trabajo sola. Comparto el cargo de directora ejecutiva con Selina Suresh. Dirigimos juntas la compañía porque ninguna ha sido propietaria de una organización antes. Al hacerlo, aprendemos la una de la otra. Selina es mi maestra; me proporciona asesoramiento, *feedback* y directrices constantes. Y yo hago lo mismo con ella.

Cuando nos centramos en el aprendizaje informal, la mayoría de las personas aprende de los demás. Según las investigaciones, el método principal[14] de aprender una nueva habilidad en el trabajo es buscar a personas que puedan compartir sus experiencias informales de aprendizaje, comportamientos modélicos positivos y consejos y directrices. Por eso, en lo relacionado con el aprendizaje informal, debemos considerar a nuestros compañeros maestros, ya que nos ayudan a entender si nuestros comportamientos son o no eficientes.

Selina me informa de si debo adaptar mi conducta en las reuniones grupales, modificar una propuesta o ajustar mi enfoque para trabajar con un cliente concreto. En el estudio de Catalyst, se reveló que el 73 % de las personas aprende a leer entre líneas buscando un *feedback* constante. Como Selina, tus compañeros pueden ayudarte a aprender compartiendo sus experiencias, apoyándote para resolver problemas de la vida real y ofreciéndote *feedback*, asesoramiento y apoyo.

Lo ideal es poder identificar a dos o tres individuos que trabajen codo con codo con nosotros (un compañero, un supervisor o un gerente) y que quieran compartir sus perspectivas, ideas y observaciones. Descubrir cómo leer entre líneas es un proceso social porque aprendemos los comportamientos del trabajador ideal más eficaces a través del *feedback* verbal y no verbal que recibimos del resto.

Aunque la mayor parte del aprendizaje informal[15] se produce a través de las interacciones y el *feedback* que recibimos de nuestros super-

---

14. Cunningham, J. y Hillier, E., «Informal Learning in the Workplace: Key Activities and Processes», *Education + Training*, vol. 55, n.º 1, pp. 37-51, febrero de 2013, https://doi.org/10.1108/00400911311294960

15. Crans, S. *et al.*, «Social Informal Learning and the Role of Learning Climate: Toward a Better Understanding of the Social Side of Learning Among Consultants», *Human Resource Development Quarterly*, vol. 32, n.º 4, pp. 507-535, marzo de 2021, https://doi.org/10.1002/hrdq.21429

visores directos y compañeros, el método híbrido ha hecho que sea más complejo obtener comentarios informales. En un entorno virtual, tenemos menos oportunidades de observar las reacciones no verbales de nuestros compañeros, hacerles preguntas y buscar consejos o ideas sobre un proyecto. Estos momentos suelen ser breves y espontáneos, como cuando nos encontramos con un compañero en el pasillo o nos pasamos por el despacho del jefe en busca de consejos. En un entorno virtual, debemos reflexionar aún más sobre cómo conseguir *feedback*, escribiendo un correo o sacando un tema en una reunión individual virtual de seguimiento. Además, como he explicado en el segundo capítulo, el modelo híbrido aumenta el aislamiento. Como las personas están menos conectadas con sus compañeros, es mucho más difícil dirigirnos a ellos y pedirles *feedback* o, al menos, hacerlo en tiempo real cuando surge el problema.

Por ejemplo, Selina y yo tenemos reuniones de control cada semana en las que nos reunimos por Zoom durante quince o veinte minutos y revisamos cómo va todo. Si una de nosotras ofrece *feedback* a la otra, nos aseguramos de concretar lo máximo posible y cooperamos para identificar lo que queremos cambiar y la manera de hacerlo como parte de nuestro trabajo. El otro día, Selina advirtió que no sabía contestar a algunas preguntas de un cliente en una reunión. Justo después de la reunión, me llamó para comprobar la situación y ofrecerme *feedback*. La conversación no tardó en centrarse en cómo podíamos prepararnos para las reuniones y evitar que nos volviera a pasar en el futuro.

Le pido a menudo *feedback* a Selina y se lo ofrezco constantemente. Dar *feedback* se ha convertido en nuestra segunda naturaleza porque lo hacemos a todas horas. Además, lo mejor es que no es incómodo. No generamos un documento formal para que el resto lo rellene o montamos escándalo al pedir ideas. En su lugar, compartimos una y otra vez el *feedback* en tiempo real y nos respaldamos entre nosotras para identificar cómo actuar de acuerdo con dicho *feedback*.

He creado un modelo sobre cómo dar y recibir *feedback* que cualquiera puede usar. Es el modelo PCP, ilustrado a continuación.

Cuando lo ofrecemos, empezamos con la letra P, que representa la percepción. Deberíamos hacerlo con buenas intenciones y ayudar a la persona a entender el impacto que está teniendo su comportamiento. Una vez, para darme *feedback*, Selina me dijo: «Michelle, ¿eres consciente de que en algunas reuniones con nuestros clientes no pareces tan involucrada como siempre? Además, te cuesta contestar a ciertas preguntas, lo que hace que parezca que no lo tenemos todo controlado». El objetivo es ayudar a la otra persona a entender el impacto de su comportamiento para que lo adapte. No obstante, la percepción no es suficiente. El siguiente paso es ayudar a la otra persona a entender qué puede hacer de manera distinta. La C es «corrección» y consiste en detallar qué conductas debemos cambiar y cómo. Selina me dijo después: «Michelle, creo que en el futuro tendríamos que llamarnos antes de la reunión del cliente para que, así, pueda ayudarte a prepararte si te sientes abrumada». El *feedback* constructivo debería dar como resultado un cambio en el comportamiento. Por último, está la P, «pasar página». Éste es el paso más complicado. Recibir *feedback* puede ser difícil, pero es peor si nos ponemos a la defensiva, tratamos de justificar nuestro comportamiento, nos centramos en nuestros sentimientos y culpamos a la otra persona. Para evitarlo, debemos pasar página.

Para hacerlo, la persona que recibe el *feedback* debe responder también usando otros tres pasos, que siguen el mismo acrónimo. Ahora la P significa «perdón», lo que supone identificar el impacto de nuestro comportamiento y responsabilizarnos de él mientras que las otras C y P mantienen las definiciones originales, «corrección» y «pasar página». En mi conversación con Selina, contesté: «Siento no estar preparada y presente en algunas reuniones con los clientes. Tengo muchas cosas en la cabeza y me vendría muy bien la ayuda para prepararme, así que gracias por apoyarme. Fijaré las llamadas necesarias para dicha preparación y decidiré en qué aspectos me vendrá bien tu ayuda». Cuando nos disculpamos, pero no tenemos intención de cambiar, el perdón pierde significado.

El modelo PCP es la manera de que dar y recibir *feedback* se convierta en nuestra segunda naturaleza.

El modelo PCP para el *feedback*

DAR *FEEDBACK*		RECIBIR *FEEDBACK*
Percepción del impacto	**P**	Perdón
Corrección	**C**	Corrección
Pasar página	**P**	Pasar Página

Cuanto más *feedback* informal pidamos a los compañeros, más cómodos nos sentiremos al iniciar estas conversaciones. La clave es tratar ese *feedback* informal como un ejercicio de recopilación de datos. Al fin y al cabo, es sólo una práctica para reunir información informal que nos ayude a entender cómo ser más eficaces. El *feedback* informal también nos permite comprender cómo necesitamos reaccionar ante los cambios en el entorno laboral y qué habilidades debemos aprender para adaptarnos a dichos cambios.

Al recopilar información informal, la anoto y reflexiono sobre si existen similitudes entre lo que dicen distintas personas. Luego, reviso las sugerencias sobre lo que podría hacer de manera diferente y, aunque no esté de acuerdo con algunos comentarios, el ejercicio me ayuda a identificar cómo aplicar ese *feedback*, que sólo es valioso si sabemos cómo ponerlo en práctica.

Práctica 3: aplicación (aprender a través del ensayo y error)

Con mi consultora, ofrezco programas de desarrollo de liderazgo. He impartido numerosos talleres en distintas compañías y países a lo largo de mi carrera profesional. No desarrollé mis habilidades de instrucción de la noche a la mañana. La primera vez que lo hice, fue un desastre. Aprendí todas las habilidades técnicas para presentar, como memorizar las notas, preparar las diapositivas y practicar mi manera de hablar. Sin embargo, para ser un gran instructor, debemos saber interpretar a la audiencia y responder a su *feedback* en tiempo real. ¿Los asistentes están perdiendo el interés? ¿Están confusos? ¿Tienen los ojos vidriosos porque me falta energía o les apetece echarse una siesta porque acaban de comer?

He aprendido a dar clase observando a otros instructores en acción y reflexionando sobre lo que les funciona, por lo que ahora tengo una idea clara de lo que está bien o mal. Por ejemplo, el público no suele reírse de los oradores que intentan ser graciosos o contar un chiste. No obstante, sí lo hacen si les sale natural. Por lo general, suelo evitar cualquier broma conocida.

Para aprender a instruir, les pido a los participantes que compartan lo aprendido para ver qué recuerdan y qué mensajes les han llamado la atención. Así, sé qué contenido se ha pasado por alto para poder mejorar mi manera de impartirlo la próxima vez. Por ejemplo, me he dado cuenta de que los participantes suelen recordar hechos comprendidos en una historia. Por eso, siempre incluyo una historia cuando quiero que las personas recuerden contenido importante. Llevo dando clase durante más de veinte años y aún sigo el proceso de observación en busca de lo que funciona, reflexión sobre el *feedback* y aplicación de lo aprendido.

Recopilar y comprender *feedback* informal es una cosa, pero usarlo es otra totalmente distinta. Aplico el *feedback* informal porque quiero gestionar el impacto que tiene mi conducta en el resto. El objetivo no es ser uno mismo con independencia de dicho impacto. Si fuera verdad, podríamos decir o hacer cualquier cosa sin importarnos los sentimientos de los demás. En su lugar, la meta es entender cómo ser nuestro mejor yo o, en mi caso, la mejor instructora. Responder al feedback informal supone identificar qué comportamientos han tenido un impacto negativo en nuestros compañeros y en nosotros mismos y hacer algo al respecto.

Aprendemos lo que funciona y lo que no a través del ensayo y error, lo que supone experimentar con nuevos enfoques para ver cuál es el correcto o si tienen un impacto positivo (así aprendí yo mis habilidades como instructora). La experiencia procede de la práctica de hacer algo repetidas veces hasta que parezca nuestra segunda naturaleza. Por ejemplo, en un estudio de Catalyst de 2010, el 88 % de los participantes aprendió a leer entre líneas a través del ensayo y error. A medida que probamos distintos comportamientos, decidimos qué funciona según las reacciones que observemos de los compañeros y el *feedback* que nos den. El objetivo es identificar el impacto de nuestra conducta porque es el punto de referencia para entender qué ha funcionado y qué no.

Perfeccionamos nuestra capacidad para leer entre líneas al observar, buscar *feedback* y probar nuevos métodos de trabajo.

Mueve la mente

Hace poco leí una parábola zen en la que dos hombres estaban peleándose por una bandera que ondeaba en el viento. «Es el viento el que mueve la bandera», decía el primer hombre. «No, no es cierto, es la bandera la que se está moviendo», contestaba el segundo. Mientras el debate continuaba, un maestro zen pasó cerca de ellos y advirtió la discusión, por lo que los interrumpió y dijo: «Lo que se mueve no es ni la bandera ni el viento, sino vuestra mente».

Nuestro entorno laboral será una fuente continua e inevitable de cambios, pero la forma de ver nuestro potencial determinará nuestro aprendizaje y la manera en la que nos desarrollemos a lo largo de nuestra carrera.

En el libro de 2016 *Mindset,*[16] la psicóloga Carol Dweck afirmaba que las personas pensaban en sus capacidades de dos maneras. O bien adoptaban una mentalidad fija sobre cuáles creían que eran sus talentos y destrezas y no mejoraban, o bien adoptaban una mentalidad de crecimiento que las llevaba a creer que desarrollarían sus habilidades, capacidades y talentos con el tiempo, que dominarían una nueva habilidad si invertían el esfuerzo y la persistencia suficientes. La idea que tengamos sobre el aprendizaje determina lo que aprendemos.

Si tenemos una mentalidad fija y queremos aprender a leer entre líneas, la primera tarea es cambiar nuestras creencias sobre nuestro

---

16. Dweck, C. S.,*Mindset: How We Can Learn to Fulfill Our Potential* (última edición) Hachette UK, Londres, enero de 2017.

potencial, sobre nuestra capacidad de aprender nuevas habilidades. Por ejemplo, Shaun tenía una mentalidad de crecimiento porque estaba dispuesto a aprender un nuevo método para liderar y trabajar. De igual manera, cualquiera necesita cultivar una mentalidad de crecimiento para aprender a leer entre líneas. Según un ensayo académico de 2015[17] titulado «What Are Drivers For Informal Learning?», el 95 % de las personas que buscan oportunidades para aprender de manera informal lo hacen porque están comprometidas con su desarrollo. Quieren aprender datos novedosos, ampliar sus conocimientos y adquirir competencias nuevas para avanzar en el trabajo. Con el esfuerzo y la constancia suficientes, cualquiera puede desarrollar la capacidad de leer entre líneas, lo que requiere tratar cada proyecto, tarea o actividad laboral como una oportunidad para perfeccionar nuestra manera de trabajar. Abordar nuestro aprendizaje informal de esta manera, usando las prácticas presentadas en este capítulo, es la forma de que nos responsabilicemos de nuestro desarrollo.

Por supuesto, los comportamientos del trabajador ideal asociados a las redes, la información, el desarrollo y el progreso informales pueden variar dependiendo del contexto laboral. E incluso éste puede cambiar, algo habitual, por lo que necesitamos transformar nuestra manera de pensar en el aprendizaje. La capacidad de aprender de forma continua[18] es el resultado de ser conscientes de los cambios en el entorno laboral y responder a ellos. Aprender a leer entre líneas no es un ejercicio puntual, sino un hábito que cultivamos a través de la conciencia, la comprensión y la aplicación.

17. Schürmann, E. y Beausaert, S., «What Are Drivers for Informal Learning?» *European Journal of Training and Development*, vol. 40, n.º 3, pp. 130-154, abril de 2016, https://doi.org/10.1108/EJTD-06-2015-0044

18. Manuti, A. *et al.,* «Formal and Informal Learning in the Workplace: A Research Review», *International Journal of Training and Development,* vol. 19, n.º 1, pp. 1-17, febrero de 2015, https://doi.org/10.1111/ijtd.12044

6

PROGRESO INFORMAL

Cómo gestionar tu carrera

«No ha servido para nada», dijo Maya con los ojos anegados de lágrimas. Era la jefa de Recursos Humanos de una importante multinacional estadounidense y llevaba cinco años siendo mi supervisora. Sin embargo, ése era su último día de trabajo. Después de veinticinco años en la misma empresa, había decidido jubilarse. En nuestra comida de despedida, esperaba que habláramos de sus planes para la jubilación, pero, en lugar de eso, entre el bullicio de los invitados, me encontré tratando de consolar a una Maya compungida.

«Subí de puesto una y otra vez hasta que por fin conseguí el cargo que deseaba» –dijo Maya, limpiándose las lágrimas con el dorso de la mano–. Ahora se ha acabado y siento que no ha servido para nada. ¿Sabes a qué me refiero?».

Asentí, aunque en realidad no entendía por qué estaba tan preocupada o por qué consideraba que su vida laboral no era nada. De forma espontánea, continuó: «Supongo que pensaba que el título y el dinero serían suficientes, pero no es así. Me siento vacía. Debe haber un significado más profundo del trabajo y la vida, ¿no crees?».

Asentí. Aunque no entendía del todo lo que sentía Maya, sí sabía que nadie debería pensar algo así al final de su carrera. La pregunta retórica que me hizo Maya, «Debe haber un significado más profundo, ¿no crees?», me persiguió gran parte de mi carrera porque no conocía la respuesta.

Al trabajar en Recursos Humanos durante casi veinte años, he visto a muchos líderes hacer infinitas horas extra y sacrificar su tiempo con la familia y los amigos para conseguir el siguiente ascenso. No obstante, ese éxito no dura mucho. Las compañías suelen recortar personal, sufrir recesión y competir globalmente, lo que lleva a reestructuraciones y despidos. Los líderes que han trabajado tan duro para llegar a lo más alto son sustituidos enseguida. Por desgracia, muchos líderes que conservan su trabajo suelen hacerlo al involucrarse en la política, las traiciones y las disputas internas del entorno laboral…, presentando conductas del antiguo «trabajador ideal».

A la mayoría, como a Maya, nos han animado a pensar en nuestra carrera como en una serie de movimientos predecibles por la escala profesional. El éxito laboral se basa en la capacidad de avanzar de un puesto a otro. Muchas personas con las que he trabajado estaban tan centradas en conseguir el siguiente ascenso, puesto y aumento que asumían, como Maya, que se sentirían realizadas al alcanzar su meta. Cuando a Maya la ascendieron a jefa de Recursos Humanos, me dijo que estaba encantada por «haberlo logrado al fin». Sin embargo, el éxito laboral no se basa en llegar a un destino concreto, sino en lo que hemos aportado a lo largo del camino.

La palabra «éxito» procede de *exitus*, del latín, que significa «salida». El éxito laboral es el conjunto de contribuciones que hacemos, todo lo que hemos aportado. Contribuir es saber que lo que hemos hecho (completar una tarea o proyecto u ocupar un puesto) y cómo lo hemos hecho (leyendo entre líneas) ha tenido un impacto positivo en los miembros del equipo y la organización. Maya no sabía cuál era su contribución porque no tenía claro si las personas se sentían mejor tras haber trabajado con ella. El éxito no se trata del destino, sino de mejorar nuestro entorno laboral.

Aunque nadie puede predecir el futuro, sabemos que hoy en día las carreras laborales están supeditadas a una creciente inseguridad, incertidumbre y ambigüedad. Para superar estos desafíos, debemos gestionar de forma proactiva nuestra carrera identificando las necesidades, aprendiendo a suplirlas y sabiendo cómo encontrar significado en la manera de trabajar, con independencia de lo que hagamos o dónde. En un estudio de 2022 publicado en *Review of Managerial Science*, el

30 % de las percepciones sobre el éxito laboral de los empleados entrevistados lo atribuían directamente a sus comportamientos. Según ellos, había que saber adaptarse a las nuevas demandas del mercado, gestionar la ambigüedad, trabajar con distintos grupos de personas, regular nuestros sentimientos y respaldar a los compañeros en términos de salud mental y emocional. Estos comportamientos resultan de la capacidad de interpretarnos a nosotros mismos, los compañeros y el entorno laboral. Cuando leemos entre líneas, sabemos cómo gestionar el progreso y la satisfacción laborales y, sobre todo, la manera de hacerlo de forma que beneficie a todos los implicados.

Una nueva trayectoria profesional, una nueva definición de éxito

En las décadas de 1950 y 1960,[1] la mayoría del personal seguía una trayectoria profesional tradicional dentro de una organización jerarquizada. Los empleados se unían a la compañía, a menudo de por vida, y progresaban en la escala laboral para conseguir puestos importantes y generosas salarios. Valoraban la estabilidad y la certeza en sus empresas. Sin embargo, hasta la actualidad,[2] los entornos laborales se han vuelto cada vez menos jerarquizados. Con la reestructuración, los despidos, los avances tecnológicos y la recesión, un trabajo de por vida no se considera una opción. Las carreras cambian tanto[3] que suelen describirse como «proteicas», cuyo origen es la palabra griega *proteus*, «capaz de cambiar de forma».

Para gestionar una carrera proteica, necesitamos ser flexibles y adaptar nuestra perspectiva, además de comprender cómo ha cambiado el trabajo.

---

1. Chin, W. S. y Rasdi, R. M., «Protean Career Development: Exploring the Individuals, Organizational and Job-Related Factors», *Asian Social Science*, vol. 10, n.º 21, p. 203, 2014, http://doi.org/10.5539/ass.v10n21p203
2. *Ibid.*
3. Editores de la *Encyclopaedia Britannica*, «Proteus: Greek Mythology», *Encyclopedia Britannica*, consultado el 19 de septiembre de 2022, www.britannica.com/topic/Proteus-Greek-mythology

Gracias a mi investigación, he resumido los cambios más habituales y significativos asociados a la carrera profesional en cuatro categorías: autogestión, aprendizaje de por vida, sin fronteras y nuevos indicadores de éxito.

Autogestión

Las carreras actuales necesitan autogestión. Como empleados, podemos decidir qué trayectoria profesional queremos seguir. Ya no estamos atados a un lugar de trabajo o ámbito, por lo que podemos elegir la empresa, el puesto o la experiencia que queramos, en lugar de esperar a que nuestra compañía nos ofrezca la oportunidad y nos conformemos con otra cosa si no sucede nunca. No existe el trabajo de por vida. Por lo tanto, la mayoría trabajaremos en distintas organizaciones a lo largo de nuestra carrera. Como consecuencia, tendremos que asegurarnos de contar con las habilidades necesarias para seguir siendo buenos candidatos.

Aprendizaje de por vida

El segundo gran cambio es que casi todas las carreras requieren un aprendizaje de por vida. Atrás quedaron los días en los que una cualificación profesional o un grado eran suficiente respaldo para toda una carrera. La mayoría tendremos que adaptarnos a los cambios del entorno laboral aprendiendo nuevas habilidades y adquiriendo nuevos conocimientos. No podemos depender de nuestra empresa para conseguir seguridad laboral. En lugar de eso, debemos ser nosotros quienes la creemos al no dejar de aprender y desarrollar habilidades para que no tengamos problemas para encontrar un nuevo empleo. No hay una escala ni jerarquía profesionales, sino altibajos laborales que nos pueden llevar a aprender una nueva destreza y especializarnos en una área concreta muy valiosa antes de que se vuelva innecesaria por los avances tecnológicos o los cambios en el trabajo.

Sin fronteras

Nuestra capacidad para aprender nuevas habilidades también consiste en aprender nuevos métodos de trabajo. El tercer cambio significativo de las carreras laborales es que ya no hay fronteras porque el modelo híbrido permite que los empleados trabajen desde casa, en la oficina o en distintos países. Ser versátiles y saber cómo trabajar tanto en entornos virtuales como en persona es esencial para tener éxito en un entorno laboral híbrido. Como se explicaba en la introducción, la mayoría debemos aprender a trabajar en un entorno virtual, intercultural y disperso geográficamente. Como consecuencia, saber cómo superar nuestras diferencias se está volviendo esencial.

Nuevos indicadores de éxito

Antiguamente, los empleados elegían su trabajo por el salario, el puesto y el nivel jerárquico, lo que la comunidad académica llama «éxito profesional objetivo». Sin embargo, nuestra definición de éxito profesional[4] ha cambiado a medida que las carreras se han bajado de la escala tradicional para ser proteicas. Una trayectoria lineal o un trabajo de por vida ya no son indicadores de éxito. Nuestra definición de éxito laboral ha cambiado, igual que nuestra carrera. Maya lloraba en aquella comida porque, aunque tenía un buen salario y puesto, no sentía que hubiera conseguido nada más allá de eso. Lo que antes valoraba no había cumplido las expectativas. Y no es la única, todos queremos sentir que hemos contribuido en algo.

Para la mayoría de los trabajadores, el éxito actual es subjetivo, una trayectoria en la que se siguen ambiciones, se desarrolla una identidad profesional y se causa impacto. Hoy en día, el éxito profesional[5] depende de nuestra contribución, de lo que dejamos atrás. Según las

---

4. Dai, L. y Song, F., «Subjective Career Success: A Literature Review and Prospect», *Journal of Human Resource and Sustainability Studies*, vol. 4, n.º 3, pp. 238-242, 2016, http://doi.org/10.4236/jhrss.2016.43026

5. *Ibid.*

investigaciones, lo que sienten los empleados acerca de sus logros laborales es más importante para la percepción del éxito que la subida salarial. No es ninguna sorpresa que suelan tomar decisiones laborales[6] según criterios subjetivos, como lo que les motiva o lo que valoran («éxito profesional subjetivo»). En cuanto a las carreras proteicas[7], los profesionales consideran que su carrera ha sido un éxito cuando sus valores (como la seguridad psicológica) y lo que les ofrece su entorno laboral (como la sensación de inclusión) coinciden. El éxito profesional actual[8] se basa en llevar a cabo un trabajo que concuerde con nuestros valores.

Respecto a nuestras carreras, lo que valoramos influye en lo que necesitamos de nuestras empresas. En el pasado, nos decantábamos por el estatus y la estabilidad. Como consecuencia, eso era lo que necesitaba ofrecernos una compañía. En las carreras proteicas,[9] según las investigaciones, lo que se valora es la libertad y el progreso. En concreto, se aprecia la libertad de ser nosotros mismos, de perseguir oportunidades de desarrollo, de explotar nuestro potencial y de contribuir. Por ejemplo, en mi caso, valoro el aprendizaje y el desarrollo, lo que significa que necesito formar parte de una empresa que me dé la libertad de probar nuevos métodos de trabajo y explorar ideas novedosas. Nuestras necesidades se satisfarán más fácilmente si trabajamos en una compañía que aprecie lo que hacemos.

---

6. *Ibid.*

7. Kapoutsis, I. *et al.*, «The Role of Political Tactics on the Organizational Context-Career Success Relationship», *International Journal of Human Resource Management*, vol. 23, n.º 9, pp. 1908-1929, 2012, https://doi.org/10.1080/09585192.2011.610 345

8. Dai, L. y Song, F., «Subjective Career Success: A Literature Review and Prospect», *op. cit.*

9. Hall, D. T. *et al.*, «Protean Careers at Work: Self-Direction and Values Orientation in Psychological Success», *Annual Review of Organizational Psychology and Organizational Behavior*, vol. 5, pp. 129-156, 2018, https://doi.org/10.1146/annurev-orgpsych-032117-104631

Conocer las necesidades

A medida que las carreras proteicas aumentan nuestra necesidad de libertad y crecimiento, quizá tengamos requisitos adicionales que queramos que cumplan nuestros entornos laborales. Saber cuáles son es el primer paso hacia la satisfacción para que no acabemos como Maya, preguntándonos si no deberíamos haber hecho más con nuestra vida que pelearnos por el siguiente ascenso o aumento. El éxito profesional subjetivo es el nivel al que se satisfacen nuestras necesidades, razón por la que es esencial entender lo que necesitamos de nuestro entorno laboral y cómo se cumplen esos requisitos.

En un estudio académico de 2009,[10] se examinaron las necesidades que tienen los trabajadores y se identificó una jerarquía de cinco requisitos. Lo primero que necesita todo el personal es sentirse física y psicológicamente seguro. Todos debemos saber que no se nos va a dañar, discriminar, acosar o marginar. Esta necesidad es universal y la base para satisfacer los demás requisitos. Supón que no te sientes seguro física o psicológicamente. En ese caso, es imposible que desarrolles una sensación de pertenencia o contribuyas de forma significativa porque dedicas tu energía mental, emocional y física a mantenerte a salvo.

Si esta primera necesidad no se satisface, es imposible cumplir con la segunda, que es la sensación de pertenencia. Como he señalado en el segundo capítulo, todos queremos sentirnos conectados y aceptados por las personas con las que trabajamos, pero esa pertenencia también requiere que nos sintamos representados en nuestro entorno laboral para que no pensemos que estamos solos. Todos necesitamos ver a otras personas que se parecen a nosotros dentro del entramado que conforma el entorno laboral porque es una manera obvia de saber que valora a individuos similares. La sensación de pertenencia se produce cuando nuestros valores y los de nuestro entorno laboral coinciden.

Si no desarrollamos esa sensación de pertenencia, es difícil dar nuestra opinión, compartir ideas y colaborar con nuestros compañeros. Aun

---

10. Levett-Jones, T. y Lathlean, J., «The Ascent to Competence Conceptual Framework: An Outcome of a Study of Belongingness», *Journal of Clinical Nursing*, vol. 18, n.º 20, pp. 2870-2879, 2009, http://doi.org/10.1111/j.1365-2702.2008.02593.x

así, la pertenencia es un requisito para satisfacer nuestro deseo de hacer una contribución significativa, la tercera necesidad. La mayoría queremos sentirnos apreciados, reconocidos y recompensados por nuestro trabajo. Cuanto más aprecio recibamos, más querremos participar y contribuir.

A medida que aceptemos más trabajo y responsabilidades, tendremos que aprender nuevas habilidades. Como expuse en el quinto capítulo, la manera de aprender con la práctica es informal y autodidacta. Necesitamos libertad para aprender y desarrollarnos, la cuarta necesidad. Así conseguiremos lo que nos interesa. Para satisfacer esta necesidad, debemos responsabilizarnos de lo aprendido y de nuestra manera de aprenderlo. En última instancia, precisamos entornos laborales que respalden nuestro desarrollo, es decir, debe ofrecernos feedback y animarnos a probar nuevos métodos de trabajo (como hemos dicho en el cuarto capítulo, ésa es la única manera de dominar las habilidades universales que se requieren para tener éxito).

Queremos que se nos reconozca por aprender, desarrollar y dominar nuevas habilidades. Cumpliremos con nuestro trabajo al sentirnos reconocidos como profesionales competentes, la quinta necesidad. En una carrera proteica, nuestra empleabilidad no se limita a una organización, ya no dependemos sólo de una para conseguir seguridad laboral. En lugar de eso, es el resultado de nuestra capacidad para aprender y desarrollarnos. Sentimos satisfacción en el trabajo cuando dominamos una nueva destreza y se nos valora por eso. El reconocimiento es la forma de entender nuestro impacto. Comprendemos el impacto positivo de nuestro comportamiento en los compañeros de equipo a través de su reconocimiento, como cuando nos dan las gracias por cómo hemos gestionado un proyecto o por el consejo que les hemos ofrecido. Cuantas más necesidades se cumplan, más exitosos nos sentiremos porque habremos hecho una contribución que va más allá de un cargo o un salario.

¿Por qué renunciamos… en silencio?

Imagina que te sientes como Maya, pero que te quedan veinte años para jubilarte. Es probable que desconectes mental y emocionalmente de tu trabajo. Por desgracia, este tipo de comportamientos se ha vuelto tan habitual que en 2022 se acuñó un término en redes sociales para este fenómeno, «renuncia silenciosa».[11] Hace referencia al número creciente de empleados que siguen en su empresa, pero se niegan a ir más allá de las tareas que se muestran en la descripción de su puesto. En lugar de eso, desconectan mientras hacen lo justo para recibir un sueldo.

Según un artículo publicado en *Harvard Business Review*, titulado «Quiet Quitting Is About Bad Bosses, Not Bad Employees», en lo relacionado con la renuncia silenciosa, el factor que más influye es la falta de confianza. Como he dicho en el segundo capítulo, los entornos laborales son enormes intercambios de confianza. Los empleados ofrecen su tiempo, esfuerzo y conocimientos, asumiendo que la organización les va a devolver el favor con un salario y tiempo libre (indicadores objetivos del éxito), así como oportunidades para aprender y desarrollarse (indicadores subjetivos del éxito). La mayoría de los entornos laborales cumplen los indicadores objetivos del éxito porque deben hacerlo, como las pagas o los días de baja que estipula un contrato. No obstante, muchas empresas no cumplen con los indicadores subjetivos, lo que afecta a la confianza.

Según el artículo de *Harvard Business Review*, el personal renuncia en silencio cuando sus líderes sólo se centran en asignar tareas y esperar los resultados (el «qué» del trabajo). Estos líderes no gestionan la forma de sacar adelante el trabajo (el «cómo»), ofreciendo un ambiente de solidaridad y demostrando preocupación por su personal. Las posibilidades de que los empleados renuncien se multiplican por cuatro cuando su gerente se centra en los resultados a expensas de satisfacer las necesidades de sus trabajadores. Además, en un estudio de 2022[12] publicado en *Review of Managerial Science*, se descubrió que, cuando los gerentes no satisfacen las necesidades de los empleados, éstos no creen que vayan a tener éxito y empiezan a sufrir malestar. La

11. Zenger, J. y Folkman, J., «Quiet Quitting Is About Bad Bosses, Not Bad Employees», *Harvard Business Review*, 31 de agosto de 2022, https://hbr.org/2022/08/quiet-quitting-is-about-bad-bosses-not-bad-employees

12. Gaile, A. *et al.,* «Examining Subjective Career Success of Knowledge Workers», *Review of Managerial Science*, pp. 1-26, 2022, https://doi.org/10.1007/s11846-022-00523-x

conclusión es que es menos probable que tengamos éxito en un entorno laboral que no satisface nuestras necesidades.

Cuando esto sí ocurre, la empresa se beneficia porque es más probable que nos involucremos, innovemos, resolvamos problemas, colaboremos y contribuyamos de manera significativa. En el estudio de *Review Of Managerial Science*, los gerentes que respaldaban a su personal[13] para satisfacer sus necesidades veían un 62 % de esfuerzo adicional en el trabajo, como horas extra o la finalización de tareas no obligatorias. Cuantas más necesidades se suplan,[14] más probabilidades hay de que tengamos éxito. Por ejemplo, si valoramos el aprendizaje y el desarrollo, necesitamos considerar hasta qué punto nuestro entorno laboral suple ese requisito. De igual manera, si sentimos que nuestros compañeros desprecian nuestras diferencias, nuestro entorno laboral no estará satisfaciendo nuestra necesidad básica de seguridad psicológica, lo que dificultará nuestro éxito. Cuanto más contribuyan los empleados, más posibilidades hay de que obtengan un éxito objetivo y subjetivo.

Hoy en día, gran parte de la plantilla de las organizaciones siente, como Maya, que su empresa no cumple una de estas necesidades o más, lo que los hace infelices. Es difícil[15] dar una cifra del número exacto de empleados que renunciaron de forma silenciosa en 2022 porque aún conservan su trabajo. Sin embargo, el *State Of The Global Workplace 2022 Report* de Gallup descubrió que la mayoría no considera significativa su contribución, ya que sólo un 21 % de los profesionales se involucra en su trabajo. Además, sólo el 33 % dice que goza de bienestar mental y emocional. Los participantes de este estudio[16] describieron que, en sus experiencias laborales, «deseaban que llegara el fin de semana» o «estaban pendientes del reloj». A muchos empleados se los trata como un medio para un fin, lo que significa que, según los nuevos estándares, no gozan de éxito profesional. Para tenerlo, necesi-

---

13. *Ibid.*

14. *Ibid.*

15. Gallup, «State of the Global Workplace: 2022 Report», consultado el 19 de septiembre 2022, www.gallup.com/workplace/349484/state-of-the-global-workplace-2022-report.aspx#ite393245

16. *Ibid.*

tamos gestionar nuestra carrera y saber cómo satisfacer nuestras necesidades cuando las empresas no lo hacen.

Tu misión principal

Maya se dedicó a esperar que su compañía le ofreciera el siguiente puesto o ascenso. Su entorno laboral era el encargado de su progreso. Cuando el jefe de Maya se fue de la compañía, por fin consiguió ascender. La única acción que llevó a cabo para gestionar su trayectoria fue dejarle claro a su jefe cuáles eran sus ambiciones y esperar. Las carreras proteicas pasan la responsabilidad de la empresa a los empleados. Eso supone mostrarnos proactivos porque, si no lo hacemos nosotros, nadie lo hará. El progreso profesional no ocurre por casualidad, sino a través de acciones constantes. El problema es que muchos no sabemos cuáles son esas acciones. Según un estudio de 2021[17] publicado en *Review of Managerial Science*, la planificación de la trayectoria, como establecer objetivos o metas, no suele ser habitual. Aunque no explicaba por qué no solemos gestionar nuestra carrera, sospecho que la mayoría no sabemos cómo hacerlo o seguimos confiando en que nuestro entorno laboral guíe nuestra trayectoria.

Tras revisar dicha investigación, me quedó claro que la gestión de la trayectoria suele depender de tres aspectos: saber el porqué, saber el quién y saber el cómo. En la bibliogafía académica, saber los porqués del trabajo hace referencia al grado de conocimiento con el que contamos en cuanto a nuestras necesidades, habilidades, intereses, valores, aspiraciones y preferencias laborales. Es la capacidad de saber lo que valoramos y necesitamos. Para gestionar nuestra trayectoria, debemos empezar siendo conscientes de nuestras necesidades, puntos fuertes y capacidades. Muchos compañeros pensaban que Maya tenía éxito, pero se sentía un fracaso porque no había gestionado su carrera. Nunca supo lo que necesitaba, cómo contribuir de manera significativa.

---

17. Gaile, A. *et al.,* «Examining Subjective Career Success of Knowledge Workers», *op. cit.*

En un estudio académico de 2022[18] publicado en el *Journal of Vocational Behavior*, se descubrió que la naturaleza de las carreras proteicas requiere que los individuos se responsabilicen de la gestión de su trayectoria profesional. Para eso, debemos saber qué requisitos buscamos para poder satisfacerlos.

Saber quién puede respaldarnos consiste en ser capaces de desarrollar una amplia variedad de relaciones con personas que pueden proporcionarnos información, directrices, asesoramiento y apoyo informales, así como defender nuestro progreso profesional. En esencia, cuando sabemos quién nos apoya en el trabajo, sabemos cómo satisfacer nuestras necesidades. En este estudio, también se descubrió que los individuos que tienen claro[19] lo que valoran y necesitan de sus empresas (como sus prioridades y requisitos de aprendizaje) y aceptan su responsabilidad de satisfacer sus necesidades y gestionar su carrera presentan mayores niveles de éxito profesional subjetivo. Avanzar depende de nuestra capacidad para gestionar las relaciones informales con el fin de acceder a oportunidades de desarrollo y progreso, lo que requiere la capacidad para leer entre líneas.

Saber cómo desarrollarse y crecer es esencial, dado que los entornos laborales no dejan de cambiar. Aunque las trayectorias profesionales tradicionales animan a las personas a desarrollar conocimientos y destrezas especializados, la trayectoria proteica sin fronteras depende de la capacidad de desarrollar habilidades transferibles. Gestionar nuestra carrera es un ejercicio infinito para el que se necesita la capacidad de leer entre líneas, lo que nos permite saber cómo cambian los entornos laborales y las destrezas necesarias para desarrollarnos sin perder el empleo.

En la siguiente sección, explicaré las prácticas específicas que se pueden usar para gestionar nuestra carrera y descubrir el porqué, el cómo y el quién. No obstante, aunque todos debemos actuar para gestionar nuestra carrera, el proceso quizá sea diferente para cada per-

---

18. Li, L. *et al.,* «Linking Protean Career Orientation and Career Decidedness: The Mediating Role of Career Decision Self-Efficacy», *Journal of Vocational Behavior,* vol. 115, p. 103322, diciembre de 2019. https://doi.org/10.1016/j.jvb.2019.103322
19. *Ibid.*

sona. Nuestra crianza, estatus socioeconómico, educación, capacidades físicas y mentales, los rasgos de personalidad y las características demográficas tienen un papel significativo a la hora de potenciar o menguar el éxito profesional. Como expliqué en mi primer libro, *The Fix*, las carreras no se desarrollan[20] del mismo modo para todos porque los entornos laborales suelen despreciar las diferencias individuales. Por lo tanto, las personas subrepresentadas deben superar desafíos causados por la discriminación y el acoso a los que no se enfrentan los grupos dominantes.

Identificar la desigualdad es importante al gestionar la trayectoria profesional porque los líderes necesitan eliminar los obstáculos que provoca en el progreso laboral. Según un estudio académico de 2010 publicado en *Industrial Relations*, la satisfacción profesional suele ser menor[21] en empleados de minorías raciales y étnicas por la discriminación y la marginación que sufren. En esta investigación también se descubrió que, en lo relacionado con la satisfacción de cada empleado,[22] el factor más importante es el apoyo y el reconocimiento que recibe de sus gerentes. Por desgracia, los líderes no actúan a la hora de eliminar la marginación, la discriminación y la desigualdad (muchas veces las crean) en la contratación, las recompensas, la ayuda y los ascensos. Según un estudio realizado por Catalyst, un liderazgo inclusivo por parte de un gerente[23] influye en un 45 % de las experiencias de inclusión que viven los empleados. Cuanto más excluidos e insatisfechos nos sintamos en el trabajo, menos probabilidades hay de que nos quedemos en él. Los líderes que no actúan para desarrollar equipos inclusivos no se aprovechan del talento diverso y de la capacidad que tienen los empleados de innovar, resolver problemas y crear. A largo plazo, los negocios que no logran retener e incluir al personal diverso no podrán superar a sus competidores.

---

20. Gaile, A. *et al.*, «Examining Subjective Career Success of Knowledge Workers», *op. cit.*

21. Yap, M. *et al.*, «Career Satisfaction: A Look Behind the Races», *Relations Industrielles/ Industrial Relations*, vol. 65, n.º 4, pp. 584-608, 2010, www.jstor.org/stable/23078321

22. *Ibid.*

23. Travis, J. *et al.*, «Getting Real About Inclusive Leadership (Report)», Catalyst, 21 de noviembre de 2019, www.catalyst.org/research/inclusive-leadership-report/

Aunque una persona que sufra discriminación puede encontrar consuelo en esta idea, también puede desanimarla. Muchos no queremos esperar a que nuestros entornos laborales se vuelvan más igualitarios e inclusivos. La buena noticia es que las trayectorias proteicas desvían del entorno laboral a nosotros la responsabilidad de la gestión de nuestra carrera, lo que significa que, cuantas más acciones llevemos a cabo,[24] mayor satisfacción sentiremos tanto en el trabajo como en la vida en general. No obstante, si no hacemos nada al respecto, sentiremos desesperanza al tener que soportar un trabajo que odiamos sólo porque paga las facturas o al rezar para que alguien se jubile con el fin de ocupar su puesto.

La gestión de la carrera no sólo implica pasar de un entorno laboral al siguiente con la esperanza de encontrar una organización inclusiva. Además, la mayoría no solemos dejar el trabajo porque debemos pagar las facturas, de ahí la renuncia silenciosa. En su lugar,[25] debemos conocer nuestras necesidades y actuar para satisfacerlas. Existen numerosas investigaciones académicas sobre las carreras proteicas y cómo avanzan los profesionales, y muchas respaldan la idea de que las personas que emprenden acciones para gestionar su trayectoria son mejores candidatos, consiguen empleo y lo mantienen porque cuentan con las habilidades y capacidades que necesita su entorno laboral. Además, cuanto más aptos seamos como candidatos,[26] más posibilidades tendremos de decidir para qué organización deseamos trabajar. Los individuos que esperan que su empresa gestione su carrera tienen bajos niveles de empleabilidad, lo que reduce su satisfacción. Todos merecemos disfrutar de una carrera plena, pero tenemos que empezar reconociendo y valorando nuestras necesidades para responsabilizarnos y actuar con el fin de satisfacerlas.

24. Hirschi, A. y Koen, J., «Contemporary Career Orientations and Career Self-Management: A Review and Integration», *Journal of Vocational Behavior*, vol. 126, p. 103505, abril de 2021, https://doi.org/10.1016/j.jvb.2020.103505

25. Fugate, M. *et al.*, «Employability: A Psycho-Social Construct, Its Dimensions, and Applications», *Journal of Vocational Behavior*, vol. 65, n.º 1, pp. 14-38, 2004, https://doi.org/10.1016/j.jvb.2003.10.005

26. *Ibid.*

Saber el porqué, el quién y el cómo: las tres prácticas de la gestión de una carrera

Maya no sabía si había tenido o no éxito porque nunca había pensado en lo que el éxito significaba para ella. La decepción, el vacío y la pérdida que sentía el último día de trabajo son emociones que nadie desea. La única manera de asegurarnos de no sufrir lo mismo es responsabilizarnos de nuestra experiencia laboral.

Nuestra trayectoria profesional es la combinación de experiencias que vivimos en el trabajo y el significado que les otorgamos. Una carrera plena es el resultado de tres factores. En primer lugar, necesitamos saber qué le aporta significado al trabajo, es decir, el porqué o *know why*. En segundo lugar, debemos descubrir cómo forjar relaciones significativas en el trabajo (el quién o *know who*). Y, en tercer lugar, entender el impacto que provocamos en el trabajo (el cómo o *know how*). Estos tres elementos juntos dan sentido a las experiencias laborales. Cuando sentimos que estamos contribuyendo y disfrutamos de las personas con las que trabajamos (y de las tareas), hay más posibilidades de gozar de satisfacción.

Dependiendo del artículo, estos tres elementos tienen nombres distintos, pero casi toda la comunidad investigadora[27] concuerda en que estas competencias son necesarias para gestionar nuestra carrera hoy en día. También se ha descubierto que estas tres competencias tienen un papel significativo en nuestro éxito profesional subjetivo y la empleabilidad. Son esenciales para todos, con independencia de las distintas aspiraciones que tengamos. Aunque creamos que las carreras proteicas son adecuadas para personas que disfrutan los cambios y la incertidumbre, según las investigaciones, la satisfacción profesional no es el resultado de diferencias de personalidad, sino que depende de los comportamientos proactivos de las personas decididas a gestionar su carrera. El éxito profesional es el fruto de las acciones[28] que llevamos a cabo para influir en nuestra experiencia en el trabajo.

---

27. Gaile, A. *et al.,* «Examining Subjective Career Success of Knowledge Workers», *op. cit.*

28. *Ibid.*

Práctica 1: saber el porqué

Hace poco, estuve en Tokio visitando a mi amiga japonesa Mei. Nos reunimos en una pequeña tetería que servía deliciosas pastas y tartas artesanales con el *sencha*, un té verde. Sentadas en un rincón, Mei me preguntó por mi investigación. Empecé explicándole las tres competencias profesionales y, cuando estaba a medio camino, contándole lo que significaba «saber el porqué», a Mei se le iluminaron los ojos y dijo: «Ah, ¡te refieres a *ikigai!*». Confundida, negué con la cabeza, pero Mei prosiguió: «*Ikigai* es gozar de la sensación de tener un propósito en la vida, motivación para desarrollar una pasión y plenitud».

Mei tenía razón: *ikigai* es una buena manera de plantearnos el porqué. En la cultura japonesa, afecta a todos los elementos de la vida[29] (la carrera profesional, las aficiones, las relaciones y la espiritualidad de una persona). Suele referirse a la sensación de plenitud y satisfacción que se consigue tras trabajar en una pasión. Desde una perspectiva laboral, *ikigai* es nuestra contribución, lo que aportamos a lo largo del camino.

La mayoría nos pasamos una media de cuarenta o cincuenta años de nuestra vida en el trabajo, por lo que es fundamental que invirtamos tiempo y energía en entender qué nos procurará esa sensación de *ikigai*. Según un estudio de 2008,[30] titulado «Sense of Life Worth Living (Ikigai) and Mortality in Japan: Ohsaki Study», que analizaba a más de cuarenta y tres mil japoneses adultos, el riesgo de mortalidad era mucho mayor en personas que no tenían esa sensación. La principal razón de gozar de *ikigai* era que esas personas disfrutaban de su trabajo. Querían vivir más para poder continuar con lo que le daba sentido a su vida. *Ikigai* es optimista, lo que hace que el trabajo valga la pena.

Lo más importante, desde una perspectiva laboral es que *ikigai* no es sólo lo que esperamos conseguir, sino ser conscientes de la contribu-

---

29. Sone, T. *et al.,* «Sense of Life Worth Living (Ikigai) and Mortality in Japan: Ohsaki Study», *Psychosomatic Medicine*, vol. 70, n.º 6, pp. 709-715, julio de 2008, http://doi.org/10.1097/PSY.0b013e31817e7e64

30. *Ibid.*

ción que queremos hacer, nuestras aportaciones. Cuando conocemos nuestro *ikigai*, entendemos por qué hacemos lo que hacemos.

Muchos investigadores y autores recomiendan que nos hagamos preguntas para reflexionar sobre lo que da significado a nuestra vida. ¿Qué nos gusta? ¿Cuál es nuestra pasión? ¿Qué se nos da bien? ¿Qué necesita el mundo? Sin embargo, estas preguntas no están relacionadas con el trabajo y son tan amplias que podrían aplicarse a cualquier cosa.

Para definir los porqués del trabajo, queremos poder escribir una declaración sobre el «porqué», una o dos frases que expliquen con claridad por qué hacemos lo que hacemos. Por ejemplo, cuando redacto un nuevo libro o empiezo un nuevo proyecto de investigación, a lo que me dedico, siempre escribo estas declaraciones y las clavo en un corcho para recordar dedicar tiempo y energía a lo que me aporta un propósito.

Podemos pensar en dichas declaraciones para cualquier tarea, trabajo, objetivo o actividad que realicemos. Por ejemplo, antes de escribir este libro, dediqué un tiempo a definir mis porqués: «Quiero escribir un libro que cambie nuestra manera de trabajar en equipo para que todas las personas se sientan comprendidas, escuchadas y valoradas por quiénes son y sus contribuciones». En cuanto al libro, el éxito no depende de las copias que vaya a vender, sino de lo mucho que crea (de forma subjetiva) que he cumplido mi porqué, que he escrito un libro que va a ayudar a las personas a sentirse valoradas por su auténtica identidad y sus contribuciones. Mi porqué me motiva y sustenta a lo largo del proceso de redacción del libro.

Como *coach* ejecutivo, una de las técnicas que uso para ayudar a mis clientes a identificar sus porqués es copiar sus respuestas introduciéndoles un «¿Por qué…?» y haciendo que las respondan. Podemos utilizar esa técnica para identificar nuestros porqués. Sólo necesitamos que una persona formule dichas preguntas y otra las responda. El proceso incluye varios pasos.

En primer lugar, debemos identificar lo que queremos hacer o conseguir, nuestras aspiraciones. Por ejemplo, yo quería escribir este libro.

En segundo lugar, buscaremos a alguien que nos pregunte por qué deseamos alcanzar ese objetivo y responderemos con una sola frase. Por ejemplo, yo quería escribir un libro para compartir mis investigaciones y mi trabajo durante las últimas dos décadas.

En tercer lugar, alguien copiará esa respuesta reformulándola como una pregunta que empiece con «¿Por qué...?». De nuevo, intentaremos contestar con una sola frase. Por ejemplo, alguien podría preguntarme: «¿Por qué quieres compartir tus investigaciones y trabajo?». Y mi respuesta sería: «Quiero que mi público entienda cómo funcionan los entornos laborales».

En cuarto lugar, alguien volverá a reformular dicha respuesta en forma de pregunta que comience con «¿Por qué...?». Una vez más, intentaremos contestar con una sola frase. Por ejemplo, alguien me preguntaría: «¿Por qué quieres escribir un libro que ayude a tu público a entender cómo funcionan los entornos laborales?». Y mi respuesta sería: «Quiero que mi público sepa cómo se puede trabajar mejor codo con codo».

En quinto lugar, alguien volverá a reformular dicha respuesta en forma de pregunta que empiece con «¿Por qué...?». De nuevo, intentaremos contestar con una sola frase. Por ejemplo, alguien me preguntaría: «¿Por qué quieres que tu público sepa cómo trabajar mejor codo con codo?». Y mi respuesta sería: «Creo que todas las personas merecen sentirse entendidas, escuchadas y valoradas por quiénes son y sus contribuciones en el trabajo».

La persona que hace las preguntas debe asegurarse de darnos tiempo suficiente para reflexionar y contestar a cada una, sin juzgar ni criticar. Su labor es formular preguntas y escribir las respuestas.

En general, tras la cuarta o quinta vez convirtiendo las respuestas en preguntas, no tendremos nada nuevo que añadir. En ese momento, nos detendremos y resumiremos todas las respuestas en una única declaración. Así es cómo escribí la mía para este libro.

Este tipo de declaraciones son potentes[31] porque encierran todo lo que esperamos conseguir y aportar. Según las investigaciones, de las tres competencias, saber los porqués es la más importante en relación con el éxito profesional subjetivo. Este hallazgo tiene sentido, dado que el significado y la satisfacción derivan de los resultados extraídos tras entender nuestro propósito.

---

31. Gaile, A. *et al.*, «Examining Subjective Career Success of Knowledge Workers», *op. cit.*

Gracias a las carreras proteicas sin fronteras,[32] no tenemos que permanecer en un puesto, es decir, podemos emprender un camino de autodescubrimiento. La mayoría contamos con varios motivos para los distintos aspectos y éstos pueden cambiar a lo largo de nuestra trayectoria. Según las investigaciones, cuando sabemos los porqués, nuestra identidad no está ligada a un entorno laboral o trabajo. Guían nuestra identidad. Además, conocerlos aumenta nuestra disposición y motivación por probar cosas nuevas, aprender nuevas habilidades y adaptarnos a los cambios del entorno laboral. Podemos aprender nuevas destrezas, explorar distintos oficios e identificar qué trabajo disfrutamos haciendo si dedicamos tiempo a entender por qué lo hacemos.

Práctica 2: saber quién respaldará nuestra carrera

Una vez al mes, por lo general los viernes por la noche, Mark, un ejecutivo de cuentas júnior al que ofrezco *coaching*, se reúne con Barry, un líder sénior de la compañía, en un pub local para tomar una cerveza. Barry y Mark se llevan bien, pero no se describen el uno al otro como amigos íntimos. Barry ofrece asesoramiento, apoyo y directrices a Mark, lo que ayuda a este último a tener éxito en su trabajo. Mark le habla de sus desafíos y Barry lo escucha, le hace preguntas y le ofrece soluciones variadas. Mientras se toman una copa, Barry suele compartir información interna de cuyo conocimiento Mark se beneficia, como futuros cambios organizativos o posibles oportunidades. Tanto Mark como Barry disfrutan de su relación. Mark consigue consejos y un apoyo valioso mientras que Barry siente que sus contribuciones son significativas para la organización al respaldar a un futuro líder. Por supuesto, Mark y Barry creen que sólo se reúnen para tomar una cerveza, pero, en realidad, participan en una sesión de mentoría informal.

32. Eby, L. T. *et al.,* «Predictors of Success in the Era of the Boundaryless Career», *Journal of Organizational Behavior*, vol. 24, n.º 6, pp. 689-708, agosto de 2003, https://doi.org/10.1002/job.214

El término «mentor»[33] se remonta a la mitología griega y describe la relación entre un adulto con experiencia y su joven discípulo, por lo general un hombre. El primero le ayudaba a desarrollar su autoestima y personalidad a través de mentorías. En los últimos años, se ha usado el término «mecenas» para hacer referencia a líderes que son algo más que mentores, puesto que proporcionan a sus discípulos acceso a su red y usan su influencia para ayudarlos a avanzar. La mayoría de estas relaciones se desarrollan sobre la base sólida de la confianza porque estos vínculos son informales.

En un estudio se analizó por qué los hombres avanzan más rápido[34] en el trabajo que las mujeres y se descubrió que la razón reside en el tipo de mentorías. Se cree que las mujeres no suelen acceder a las mentorías tanto como los hombres, pero no es cierto. En un artículo de 2018 de *Harvard Business Review* llamado «Women Ask for Raises as Often as Men but Are Less Likely to Get Them», se cita una investigación que se llevó a cabo con cuatro mil seiscientos profesionales de ochocientas organizaciones en la que se reveló que no hay diferencia entre la cantidad de mujeres y hombres que reciben mentorías. En algunos casos, incluso es mayor para las primeras, pero el tipo de mentorías es distinto.

Los hombres como Mark suelen buscar asesoramiento en ejecutivos sénior que les proporcionen información interna sobre cómo funciona la organización y que estén dispuestos a usar su influencia para ayudar a avanzar a sus mentorandos. Nos gustan las personas afines y las respaldamos para que tengan éxito. Es lo que da sentido al trabajo. Por eso, los hombres suelen ofrecer mentorías o mecenazgo a otros hombres, en lugar de a mujeres.

Para superar la naturaleza excluyente de las mentorías informales, las compañías suelen aplicar programas formales en los que se empareja a un líder sénior con un empleado más júnior para que lo guíe du-

33. Allen, T. D. *et al.*, «Career Benefits Associated with Mentoring for Protégés: A Meta-Analysis», *Journal of Applied Psychology*, vol. 89, n.º 1, p. 127, 2004, https://doi.org/10.1037/0021-9010.89.1.127

34. Artz, B. *et al.*, «Research: Women Ask for Raises as Often as Men, but Are Less Likely to Get Them», *Harvard Business Review*, 25 de junio de 2018, https://hbr.org/2018/06/research-women-ask-for-raises-as-often-as-men-but-are-less-likely-to-get-them

rante un tiempo. El desafío se encuentra en que las mentorías son relaciones de confianza. Cuando las formalizamos, hacemos que resulten incómodas. Obligamos a las personas a juntarse y, como resultado, las interacciones suelen ser forzadas y embarazosas. Con el tiempo, la relación parece una obligación, lo que afecta a la confianza. Las mentorías informales aparecen de manera orgánica cuando las personas buscan las unas en las otras amistad, asesoramiento, directrices y apoyo. A pesar de que las compañías invierten[35] en programas formales de mentorías, según una investigación realizada por Marissa D. King, profesora de la Universidad de Yale, el 82 % de las mujeres y el 84 % de los hombres encuentran a sus mentores profesionales de manera informal. El valor de las mentorías procede del desarrollo informal de estas relaciones.

El problema con las mentorías y el mecenazgo informales[36] es que son excluyentes. Según las investigaciones, muy pocos hombres blancos tienen mentores de otro género. Los líderes sénior seleccionan a los empleados similares a ellos, a menudo demasiado, para ser sus mentores. Las mentorías y el mecenazgo funcionan[37] en la trayectoria profesional tradicional, donde lo único que se necesita para conseguir el siguiente ascenso es a una persona como Barry que esté dispuesta a acogernos bajo su ala. Según un estudio de 2019 publicado por *Harvard Business Review*, el 75 % de los hombres y mujeres profesionales quieren tener un mentor, pero sólo el 37 % tiene uno.

En una carrera proteica, no podemos depender de una sola persona para que respalde nuestro avance, ni siquiera de dos, dado que es probable que cambiemos de ámbito o empresa varias veces. Necesitamos desarrollar una amplia gama de contactos con personas que puedan apoyar nuestra carrera, tanto dentro como fuera del entorno laboral.

35. King, M., *Social Chemistry: Decoding the Patterns of Human Connection,* Dutton, Nueva York, 2022.

36. Ragins, B. R., «Diversity and Workplace Mentoring Relationships: A Review and Positive Social Capital Approach», *The Blackwell Handbook of Mentoring: A Multiple Perspectives Approach*, Wiley-Blackwell, West Sussex, 2007, pp. 281-300.

37. Woolworth, R., «Great Mentors Focus on the Whole Person, Not Just Their Career», *Harvard Business Review*, 9 de agosto de 2019, https://hbr.org/2019/03/great-mentors-focus-on-the-whole-person-not-just-their-career

La responsabilidad de gestionar nuestra carrera recae en nosotros. No podemos depender de las empresas para que nos ofrezcan el apoyo o las mentorías que necesitamos. En lugar de eso, debemos buscar y cultivar de manera proactiva relaciones con personas que puedan respaldar nuestro avance profesional.

En el antiguo mercado laboral, las mentorías y el mecenazgo eran sistemas informales que usaban los líderes para apoyar, animar y ascender a personas similares a ellos. Sin embargo, como he dicho en el segundo capítulo, las compañías ya no se pueden permitir apoyar a un único tipo de líder si desean tener éxito. Deben aprovechar el talento diverso para innovar, resolver problemas, crear y, en última instancia, superar a sus competidores. En el nuevo mercado laboral, los mentores y mecenas no son tan esenciales como los «defensores profesionales», personas que entienden nuestro propósito en el trabajo y desean respaldarnos para que lo cumplamos. El defensor profesional suele ser alguien dispuesto a proporcionar asesoramiento, apoyo, *coaching*, información interna, contactos con personas influyentes y oportunidades para participar en tareas significativas o usar su puesto para respaldar nuestro progreso al ensalzar nuestro nombre o recomendarnos como candidatos a ciertas oportunidades.

Según las investigaciones, los defensores profesionales facilitan el acceso de una persona a proyectos de alto perfil, ascensos y aumentos, lo que mejora la satisfacción profesional general. Además, un defensor profesional nivela el terreno de juego para todos. Entre 2001 y 2010, se hicieron numerosos estudios[38] citados en el libro blanco *Advocacy vs. Mentoring* de Sylvia Ann Hewlett Associates que demostraron cómo un defensor impulsa las carreras del personal perteneciente a grupos normalmente subrepresentados.

Cuando entendemos los porqués de nuestro trabajo, podemos identificar posibles defensores profesionales (o personas que podrían convertirse en tales) que pueden ayudarnos a alcanzar nuestra meta. Lo ideal es tener al menos dos dentro y dos fuera de la empresa. De-

---

38. Sylvia Ann Hewlett Associates, «White Paper: Advocacy vs. Mentoring», consultado el 19 de septiembre de 2022, www.cisco.com/c/dam/en_us/about/ac49/ac55/docs/Advocacy_vs_Mentoring_white_paper.pdf

pender de un solo defensor profesional es arriesgado, puesto que podría abandonar la organización en cualquier momento. Por otro lado, sabremos que tenemos un defensor profesional, en lugar de un mentor o mecenas, porque esa persona actuará como tal ante un grupo diverso de individuos, con independencia de su identidad. Los defensores profesionales también desean conectarnos con personas de dentro y fuera de la empresa. Los mentores y mecenas suelen depender de contactos internos, lo que limita la diversidad de conexiones que pueden ofrecernos.

Identificar a alguien que podría defender nuestros intereses profesionales es una cosa, pero establecer una relación con esa persona nos llevará tiempo y esfuerzo. De hecho, conseguir un defensor profesional es similar a forjar cualquier otra relación; debemos dedicarnos a desarrollar una conexión sólida. Según un estudio académico de 2016[39] publicado en el *Social Science Journal*, ciertos comportamientos que presentan algunas personas desarrollan conexiones sólidas. Entre ellos se incluyen ser sinceras, compartir información informal, tener intereses mutuos, mostrar preocupación, prestar atención y compartir valores similares. Si queremos desarrollar una conexión sólida con un defensor profesional, es esencial que pasemos tiempo conociendo a esa persona para entender si comparte nuestros valores e intereses. Luego, a medida que se desarrolle la relación, tendremos que ser sinceros y abrirnos ante ella sobre nuestras aspiraciones, además de invitarlo a compartir las suyas.

La fuerza de la conexión que forjemos con un defensor profesional influye en el esfuerzo que desee hacer para ayudarnos a comprender los porqués de nuestro trabajo. Como dije en el cuarto capítulo, la reciprocidad es la clave para tener éxito en cualquier relación, sobre todo en el trabajo. Dedicar tiempo a entender los objetivos y aspiraciones de los defensores laborales nos ayudará a identificar maneras de respaldar su desarrollo, mostrar interés y preocuparnos por su progreso. Según las investigaciones, cuando respaldamos el progreso de otra

---

39. Campbell, K. *et al.,* «Friendship Chemistry: An Examination of Underlying Factors», *Social Science Journal*, vol. 52, n.º 2, pp. 239-247, febrero de 2015, http://doi. org/ 10.1016/j.soscij.2015.01.005

persona,[40] nos beneficia porque defender la carrera de alguien aumenta la satisfacción y el compromiso. También sirve para extender nuestra red, conseguir mayor acceso a la información e incluso mejorar nuestra reputación (sobre todo cuando la persona a la que defendemos tiene éxito). Por eso, es esencial buscar varios defensores profesionales y tratar de ser uno de ellos.

Práctica 3: saber el cómo para influir en nuestra reputación

Una de las razones principales por las que, de manera subjetiva, Maya no tuvo éxito en su carrera es que no se conocía más allá de su cargo. Su identidad en el trabajo estaba ligada a su posición y salario, que eran temporales. Es mucho más que estos dos aspectos, pero no lo sabría, de ahí que se sintiera tan vacía en la comida. Maya es una líder atenta, amable, comprensiva e inclusiva. Le encantaba trabajar con otras personas y sabía cómo desarrollar una cultura en la que se sintieran valoradas. Por eso, su compañía tenía altas tasas de retención de talento, satisfacción profesional y puntuación. Lo que aporta significado al trabajo de Maya es apoyar, desarrollar y ofrecer *coaching* a los demás para que tengan éxito. Si lo hubiera sabido en algún punto más temprano de su carrera, habría buscado más oportunidades de satisfacer esas necesidades y participar en un trabajo que le pareciera importante.

No basta con desarrollar nuevas habilidades continuamente. Saber el cómo supone entender[41] la manera de gestionar el valor que otras personas atribuyen a nuestras capacidades. En otras palabras, es la habilidad de gestionar nuestra reputación para seguir siendo atractivos a ojos de las empresas. Son las percepciones de otras personas sobre cómo trabajamos y nuestras contribuciones las que crean y mantienen la reputación. Es aquello por lo que se nos conoce, la aportación que hacemos.

---

40. Foust-Cummings, H. *et al.*, «Sponsoring Women to Success (Report)», *Catalyst*, 17 de agosto de 2011, www.catalyst.org/research/sponsoring-women-to-success/

41. Zinko, R. y Rubin, M., «Personal Reputation and the Organization», *Journal of Management y Organization,* vol. 21, n.º 2, pp. 217-236, enero de 2015, http://doi.org/10.1017/jmo.2014.76

Como la mayoría tenemos múltiples trayectorias profesionales dentro de varias organizaciones, nuestro nivel de empleabilidad varía según cómo hayamos gestionado nuestra reputación. El éxito laboral es mucho más subjetivo en las carreras proteicas porque somos nosotros quienes decidimos si lo tenemos o no dependiendo de cómo perciban otras personas nuestras contribuciones. Los humanos somos animales sociales que queremos que los demás nos vean como nos vemos a nosotros mismos. Por lo tanto, influimos en nuestra reputación al entender qué percepción tiene el resto de nosotros y de nuestras contribuciones.

Para gestionar nuestra carrera, es esencial saber cómo guiar nuestra reputación.[42] Según las investigaciones, hay más posibilidades de que se contrate o ascienda a los empleados de cualquier nivel de la organización si mantienen una reputación positiva. La de un director ejecutivo,[43] sea buena o mala, es tan esencial para el éxito de un negocio que puede afectar incluso a los precios (de manera positiva o negativa). Por desgracia, solemos confundir gestionar nuestra reputación con vendernos y presumir.

No obstante, según las investigaciones, nuestra reputación es el resultado de las evaluaciones que hacen los demás sobre nuestras acciones y las intenciones tras ellas. Para conocer nuestra reputación, debemos aprender a leer entre líneas. Así, entenderemos cómo nos ven otras personas. En el cuarto capítulo, presenté las prácticas específicas que había que usar para desarrollar el autoconocimiento.

Sin embargo, conocer nuestra reputación es una cosa y gestionarla, otra distinta. Por lo general, la comunidad investigadora que estudia cómo se desarrolla la reputación asume que la mayoría de las personas con talento y destrezas tendrán la mejor reputación, pero no es cierto. En un equipo de gran rendimiento, todos son buenos en lo que hacen en cuanto a las tareas que llevan a cabo. Por eso, para desarrollar una reputación positiva, debemos gestionar la manera de trabajar, es decir, de participar y colaborar con los demás.

---

42. *Ibid.*
43. *Ibid.*

Según un estudio académico de 2017,[44] «Establishing a Reputation», cuanto más se desvía una persona, de forma positiva o negativa, de las normas del grupo (lo que los investigadores llaman las reglas no escritas que influyen en la manera de comportarse, colaborar e interactuar en el trabajo), más sufre o crece su reputación. El principio de la reciprocidad, descrito en el segundo capítulo, gobierna la mayoría de nuestras interacciones en el trabajo. En general, los demás esperan que nos comportemos teniendo en cuenta sus intereses. Cuando no lo hacemos (al atribuirnos el trabajo de otra persona o robarle una idea a un compañero), perdemos la confianza del resto y nuestra reputación sufre. Al contrario, nuestra reputación mejora cuando vamos más allá a la hora de respaldar a nuestros compañeros, como cuando nos aseguramos de que se reconoce en público la contribución de una persona a un proyecto. La clave para desarrollar una reputación positiva es la previsibilidad, que supone comportarse constantemente de una manera, con los intereses de nuestros compañeros en mente. Cuando no cumplimos las expectativas del resto, nos volvemos impredecibles y es difícil que los demás confíen en nosotros. Nuestra reputación es el grado de confianza que pueden depositar otras personas en nosotros.

Incluso aunque alguien alcance un logro excepcional, como una gran venta, su reputación puede ser negativa. Lo que genera o rompe la confianza es lo predecibles que sean nuestros comportamientos. En la investigación para el doctorado, descubrí que existen tres prácticas que aplican los profesionales para generar confianza en el trabajo. Son claridad, transparencia y coherencia.

La claridad significa que nuestros valores y necesidades son obvios. Por ejemplo, yo comencé mi carrera en Londres hace casi quince años como gerente de Recursos Humanos. Jon era mi superior, el director general de nuestra oficina en Siria. Durante su primer día, organizó una reunión con su equipo de liderazgo, en la que me incluyó. Compartió los tres valores que más le importaban: trabajo en equipo, excelencia y comunicación. Jon explicó lo que significaban para él esos valores y por qué los consideraba importantes. Cuando comunicamos lo que necesi-

---

44. Zinko, R. *et al.,* «Establishing a Reputation», *Journal of Employment Counseling,* vol. 54, n.º 2, pp. 87-96, junio de 2017.

tamos de nuestro entorno laboral, las personas comprenden nuestras intenciones y por qué actuamos como lo hacemos. De igual manera, cuanto más claros seamos, más personas podrán predecir cómo es posible que nos comportemos, lo que nos vuelve dignos de confianza.

Para mantener la previsibilidad, debemos ser transparentes sobre el porqué de nuestros actos. La transparencia significa compartir las razones tras nuestro comportamiento y decisiones. Por ejemplo, cuando Jon decidía ascender a un líder, compartía con todos las metas que había alcanzado y daba ejemplos detallados de cómo lo había hecho, demostrando ese trabajo en equipo, excelencia y comunicación. Cuanto más sepamos expresar y compartir por qué actuamos como lo hacemos, más personas entenderán quiénes somos y cuáles son nuestros valores.

La coherencia es la clave para gestionar nuestra reputación porque necesitamos tiempo para establecerla. Si una persona se comporta a menudo de cierta manera, será más fácil que el resto prediga su conducta en el futuro. Al menos una vez al mes, Jon pedía *feedback* a dos o tres empleados para saber si cumplía los valores de trabajo en equipo, excelencia y comunicación. Lo usaba para identificar cómo podría ser más constante al demostrar dichos valores a la hora de hacer su trabajo. Cuanto más coherentes seamos, más confiarán los demás en que nos comportemos de un modo que concuerde con lo que valoramos. Desarrollar una reputación requiere coherencia en el comportamiento si éste va en consonancia con nuestros valores y lo que necesitamos de nuestro entorno laboral.

Para desarrollar nuestra reputación, es importante que reflexionemos a menudo sobre cómo podemos ser más claros, transparentes y coherentes. Y, si no lo sabemos, podemos pedirles *feedback* e ideas sobre cómo mejorar a nuestros compañeros. Por ejemplo, obtendremos *feedback* si hacemos estas preguntas: «Según mi comportamiento, ¿sabes qué esperar de mí? ¿Cuáles crees que son mis valores profesionales, sobre todo en lo relacionado con mi manera de trabajar? ¿Entiendes por qué me comporto como lo hago o el razonamiento tras mis decisiones? ¿Suele sorprenderte mi comportamiento? ¿Cómo podría abrirme más acerca de las decisiones que tomo? ¿Crees que mi conducta no es coherente? ¿Cómo puedo mejorar mi manera de trabajar para que sepas qué esperar de mí?».

Nuestra capacidad para desarrollar una reputación personal positiva depende de cuántas necesidades propias satisfagamos en el trabajo, como la de gozar de una sensación de pertenencia, hacer contribuciones significativas y ser reconocidos como profesionales competentes. De igual manera, nuestras necesidades nos motivan a desarrollar una reputación positiva. Por ejemplo, nuestra necesidad de disfrutar de una sensación de pertenencia aumenta nuestra motivación para participar en interacciones positivas y forjar relaciones sólidas. Cuanto más claro, coherente y transparente sea nuestro comportamiento, más podremos gestionar nuestra reputación, mejorar nuestra capacidad de contribuir y extraer significado del trabajo.

Libérate

Quizá conozcas la historia de los elefantes y la cuerda. Un hombre pasó cerca de una manada de elefantes. Entonces, se percató de que todos estaban atados a un árbol por una pequeña y fina cuerda. «¡No hay cadenas ni jaulas!», exclamó.

Alarmado porque los elefantes pudieran escaparse en cualquier momento, el hombre buscó a su adiestrador y le preguntó por qué no mantenía a los animales en un recinto seguro.

«Bueno, cuando eran más jóvenes y mucho más pequeños, usábamos la misma cuerda para atarlos. Era suficiente para mantenerlos controlados. Ahora están condicionados a creer que no pueden liberarse, así que no lo intentan. Ni siquiera saben que son libres».

Nadie quiere sentirse como Maya al final de su carrera. Para evitarlo, debemos actuar para liberarnos, gestionando nuestra trayectoria. Cuanto más la gestionemos, más aptos pareceremos como candidatos. Y, cuanto más aptos seamos, más opciones tendremos sobre para quién queremos trabajar y de más libertad gozaremos para formar parte de una empresa que nos resulte valiosa.

Como la manada de elefantes, debemos recuperar nuestra libertad al gestionar nuestra trayectoria en lugar de optar por la renuncia silenciosa. Cuando recurrimos a ella, nos quedamos atados a un trabajo y una carrera que ya no nos sirven. Cuando no sabemos cómo gestionar nuestra trayectoria, nos sentimos impotentes y atrapados en un trabajo sin sentido. Así, renunciamos a nosotros mismos. Cuando gestionamos nuestra carrera, reclamamos nuestra libertad al elegir las experiencias y los significados que deseamos obtener del tiempo que pasamos en el trabajo.

Además, esto beneficia al resto. En un primer momento, puede parecer contradictorio porque las carreras proteicas nos empujan a priorizar nuestras aspiraciones, antes que los objetivos de la empresa. Pero, según un estudio de 2018 publicado en el *Annual Review of Organizational Psychology and Organizational Behavior*, las carreras proteicas nos hacen mejores compañeros,[45] lo que permite que nuestras empresas mejoren. Es lo que se conoce como «paradoja proteica». Existe porque las carreras proteicas requieren que el trabajador gestione su éxito profesional subjetivo, lo que supone participar en tareas que sean acordes a sus valores y que satisfagan sus necesidades laborales. Cuando esto ocurre,[46] hay más posibilidades de que se sienta comprometido con el trabajo y con el entorno laboral, además de satisfecho con su trayectoria. Si un solo elefante intentara liberarse de la cuerda, quizá liberaría a toda la manada. Gestionar nuestra carrera es la forma de controlar nuestra experiencia laboral y, en última instancia, nuestras aportaciones.

---

45. Hall, D. T. *et al.,* «Protean Careers at Work: Self-Direction and Values Orientation in Psychological Success», *op. cit.*
46. *Ibid.*

7

DEVOLVER EL FAVOR:

Cómo encontrar un propósito en el trabajo

A lo largo de este libro, he explicado cómo aprender a leer entre líneas es la manera de conectar con nuestro entorno laboral, nuestros compañeros y nosotros mismos. La sensación de pertenencia y propósito en el trabajo se obtiene leyendo entre líneas.

A menudo, cuando los líderes hablan[1] de encontrar un sentido en el trabajo, comparten la conocida historia del presidente John F. Kennedy cuando visitó la NASA por primera vez, en 1962. Mientras le enseñaban las instalaciones, se encontró con un conserje que caminaba por el pasillo. El presidente lo detuvo y le preguntó qué hacía para la NASA, a lo que él respondió: «Estoy ayudando a llevar a un hombre a la luna».

A los líderes les encanta la idea de que la persona que menos gana y que hace las tareas más monótonas pueda encontrar un propósito en el trabajo si conecta su misión con los productos o servicios que ofrece el entorno laboral. Sin embargo, según las investigaciones académicas, incluida la mía, la situación es muy diferente.

Incluso cuando las empresas animan a su personal a conectar sus tareas con los logros de la organización, no entienden lo más impor-

---

1. Nemo, J., «What a NASA Janitor Can Teach Us About Living a Bigger Life», *Business Journals*, 23 de diciembre de 2014, www.bizjournals.com/bizjournals/how-to/growth-strategies/2014/12/what-a-nasa-janitor-can-teach-us.html

tante. Perseguir una meta tras otra (como aumentar la cotización, los beneficios o la productividad de la empresa) no hace que un trabajo resulte significativo. Lo importante es el grado en el que una persona considera que dicho trabajo es valioso y digno de su esfuerzo más allá de completar las tareas. Por eso, aunque algunos logros, como llevar a un hombre a la luna por primera vez, puedan parecer extraordinarios, no respaldan la sensación de tener un propósito.

¿Cómo respondería el conserje a la respuesta del presidente hoy en día? «Estoy ayudando a llevar al decimotercer hombre a la luna» no suena igual. Somos más que lo que hacemos nosotros o nuestro entorno laboral.

Los líderes quieren que los empleados encuentren un propósito en el trabajo porque los estudios muestran que hacerlo aumenta su participación, productividad e innovación. Según un estudio de 2020[2] publicado en *Management Research Review*, cuando los empleados no gozan de la sensación de propósito, su rendimiento, esfuerzo, satisfacción, compromiso y motivación disminuyen. A cambio, aumenta de forma significativa el absentismo y la rotación de trabajadores. Los empleados renuncian (de manera silenciosa o no) porque su trabajo no merece la pena. Cuanto más intenten las compañías decirle a su personal que encuentre un significado en lo que hace o produce, menos posibilidades habrá de que éste las crea, y más de que dimita.

Muchas investigaciones sobre cómo encontramos un propósito[3] en el trabajo se han centrado en las tareas que conduce la plantilla, es decir, en el enfoque «llevar a un hombre a la luna». Sin embargo, se tiene en cuenta cada vez más el papel esencial de las relaciones y comunidades a la hora de desarrollar esa sensación de propósito. Se podría decir que en la década de 1960, era importante para los empleados como el conserje sentir una conexión con el fin de su entorno laboral porque rara vez cambiaban de puesto o empresa. En aquel entonces, los entornos laborales eran responsables de la gestión de las carreras de

---

2. Dechawatanapaisal, D., «Meaningful Work on Career Satisfaction: A Moderated Mediation Model of Job Embeddedness and Work-Based Social Support», *Management Research Review*, vol. 44, n.º 6, pp. 889-908, 2020, https://doi.org/10.1108/MRR-06-2020-0308

3. *Ibid.*

los empleados, por lo que tiene sentido que el personal buscara su meta en su entorno laboral. Como se ha explicado en el último capítulo, las carreras tradicionales se centran casi en exclusiva en los logros, en lugar de en la manera de alcanzarlos. Hoy en día, las empresas siguen fomentando la idea de que, cuanto más consigamos, más significativa será nuestra carrera. O de que, si no encontramos un propósito en nuestro trabajo, el éxito de la compañía y nuestra contribución a él mismo deberían ser suficientes para compensar dicha ausencia.

Sin embargo, para que el trabajo sea significativo[4] para el empleado moderno, necesita identificar su contribución más allá de las tareas que lleva a cabo o los resultados que obtiene. El propósito no nos lo muestra nuestro entorno laboral, sino que es algo que debemos descubrir al aprender a colaborar codo con codo. A pesar de la creencia habitual[5] de que nuestra felicidad depende de nuestro salario y riquezas, según las investigaciones, lo importante es la calidad de nuestras relaciones en la vida y el trabajo. En una revisión de más de 1336 artículos académicos llevada a cabo en 2014,[6] se descubrió que lo que más influye en nuestra felicidad es la conexión con otras personas. Solemos encontrarle sentido a nuestro trabajo a través de nuestro vínculo con los demás.

La mayoría queremos tener un propósito mayor. Lo deseamos. BetterUp llevó a cabo un estudio en 2018[7] en el que entrevistó a 2285 profesionales americanos y descubrió que nueve de cada diez empleados,

4. Steger, M. F., «Creating Meaning and Purpose at Work», *The Wiley Blackwell Handbook of the Psychology of Positivity and Strengths-Based Approaches at Work*, John Wiley y Sons, West Sussex, 2016, pp. 60-81.

5. Donaldson, S. I. y Donaldson, S. I., «Other People Matter: The Power of Positive Relationships», *Toward a Positive Psychology of Relationships: New Directions in Theory and Research*, Praeger, Santa Bárbara, 2018 pp. 1-8.

6. Donaldson, S. I. *et al.,* «Happiness, Excellence, and Optimal Human Functioning Revisited: Examining the Peer-Reviewed Literature Linked to Positive Psychology», *Journal of Positive Psychology*, vol. 10, n.º 3, pp. 85-195, agosto de 2024, https://doi.org/10.1080/17439760.2014.943801

7. Achor, S. *et al.,* «9 Out of 10 People Are Willing to Earn Less Money to Do More Meaningful Work», *Harvard Business Review*, vol. 6, de noviembre de 2018, https://hbr.org/2018/11/9-out-of-10-people-are-willing-to-earn-less-money-to-do-more-mean-ingful-work

con independencia de su puesto, tarea o salario, están dispuestos a intercambiar un porcentaje de las ganancias vitalicias por un propósito mayor en el trabajo. Además, los participantes se plantearían sacrificar un 23 % de su futuro salario (casi lo que nos gastamos de media en una vivienda) para tener un trabajo que les aportara un sentido.

Si los empleados encontraran un propósito en sus tareas o en los logros de la compañía, no sentirían la necesidad de renunciar silenciosamente. ¿Hay algo más desmoralizador que pasar la mayor parte del día trabajando para un jefe o con unos compañeros que no nos aprecian, apoyan, incluyen, animan o involucran? Si alguien se siente así, es normal que se pregunte por qué dar más de lo necesario. El trabajo no lo es todo en la vida, así que ¿por qué ir más allá? Es evidente que la salud, la felicidad y el bienestar son más importantes que el trabajo. Aunque todos estos argumentos para la renuncia silenciosa son válidos, pierden de vista un factor importante: el entorno laboral es el personal que lo conforma.

Nuestra organización no es un lugar, una estancia o un edificio, sino una comunidad, como un bosque, compuesta de personas, nosotros incluidos, conectadas por sus contribuciones compartidas.

Nuestro grado de compromiso con el entorno laboral es el resultado directo de los comportamientos que mostramos. En el mundo académico, la «conducta de ciudadanía organizacional» es un término que describe el comportamiento positivo voluntario del personal en el trabajo más allá de la descripción del puesto, como cuando un compañero está agobiado y tiene dificultades para completar sus tareas y nosotros le ofrecemos nuestra ayuda. O cuando cargamos papel en la impresora de uso común o hacemos sugerencias para mejorar el entorno laboral. Una expresión habitual es «devolver el favor», que describe todo lo que hacemos de forma voluntaria para respaldar y beneficiar a nuestros compañeros y a la organización.

La conducta de ciudadanía organizacional no se recompensa de manera formal con un aumento o un ascenso. Tampoco se adapta a un proceso o procedimiento formal de la compañía. Las personas presentan estos comportamientos porque advierten una necesidad o conexión o sienten compasión por sus compañeros. Leen entre líneas y actúan de cierta manera, con los intereses de los demás en mente.

¿Quién no valora que un compañero se ofrezca a quedarse hasta tarde para ayudarle a cumplir una fecha de entrega?

Que los empleados devuelvan el favor[8] impacta de forma positiva en el individuo y la organización. Presentar una conducta de ciudadanía organizacional mejora la moral, el rendimiento, las relaciones, la satisfacción laboral y el bienestar mental y emocional de los empleados, así como la sensación de pertenencia. Cuando las personas de manera voluntaria[9] ayudan a los demás, se incrementa la satisfacción general, disminuye la depresión, se reduce la presión sanguínea e incluso aumenta la longevidad. Además, cuando el personal muestra estas conductas, los clientes quedan más satisfechos, se fomenta la colaboración y mejora la calidad y la cantidad del trabajo producido.

Somos las comunidades en las que trabajamos, lo que significa que tenemos el potencial de crear una experiencia significativa al presentar conductas que respalden a nuestra comunidad. Según un estudio de 2020[10] publicado en el *Journal of Theoretical Social Psychology*, nos comprometemos más con nuestro entorno laboral cuando apoyamos a nuestros compañeros, ya sea a distancia o en persona. Cuantos más favores devolvamos, mayor será el sentido que encontremos en el trabajo y el compromiso que sintamos.

Además de dormir, la actividad a la que más horas dedicamos es el trabajo. La manera en la que lo experimentemos influye en nuestra experiencia de un tiempo considerable de nuestra vida, de ahí que gestionar el propósito que extraemos del trabajo sea esencial para nuestra salud, felicidad y bienestar general.

8. Whitman, D. S. *et al.,* «Satisfaction, Citizenship Behaviors, and Performance in Work Units: A Meta-Analysis of Collective Construct Relations», *Personnel Psychology*, vol. 63, n.º 1, pp. 41-81, febrero de 2010, https://doi.org/10.1111/ j.1744-6570. 2009.01162.x

9. Eriksson, T. y Ferreira, C., «Who Pays It Forward the Most? Examining Organizational Citizenship Behavior in the Workplace», *Journal of Theoretical Social Psychology*, vol. 5, n.º 3, pp. 215-228, febrero de 2021, https://doi.org/10.1002/jts5.87

10. *Ibid.*

Devolver el favor en la práctica

Cada vez que pienso en un ejemplo de alguien con un propósito en el trabajo, me viene a la mente la señora Anderson, mi directora del colegio en Sudáfrica. Trabajó mucho más allá de su edad de jubilación. En mi último curso, a pesar de tener setenta y muchos, nunca se rindió. Era la primera persona en llegar al colegio día tras día y la última en marcharse.

Como un reloj, todas las mañanas, la señora Anderson permanecía de pie en el patio del colegio para saludarme al bajarme del Kabal. Durante mi último año de primaria, también me dio clase. Mis notas en aquel entonces eran horribles, una dificultad que achaco a mi grave miopía. Al final, mi vista me obligó a tener que sentarme en el suelo, lo más cerca posible de la pizarra. Durante la primera semana de clase con la señora Anderson, advirtió que no veía bien y se aseguró de que me pusieran gafas.

Mientras que muchos profesores pensaron que no acabaría el instituto, y mucho menos la universidad, la señora Anderson fue más allá. Dedicó tiempo extra a la hora de comer y después del colegio para ayudarme con los deberes. Me animaba a volver a intentarlo cuando cometía errores y, con paciencia, corregía mis tareas hasta que las hacía bien. La señora Anderson es la razón por la que hoy en día tengo cinco carreras.

Incluso cuando me convertí en prefecta. Cada semana la señora Anderson me pedía que fuera a su despacho para hablar y me hacía sugerencias sobre cómo podría involucrarme más en el colegio y ayudar a los niños más pequeños.

Toda mi experiencia en el colegio fue significativa por cómo conectaba la señora Anderson con los estudiantes, conmigo. Aparte de hacer su trabajo, leía entre líneas, observaba e identificaba las dificultades y puntos fuertes de sus alumnos, sus motivaciones y su estatus social. Luego, sus acciones la llevaban a ofrecernos *coaching*, ayuda y mentorías.

La señora Anderson tenía nuestros intereses en mente, lo que la hacía mejor profesora, directora y líder.

Según un estudio de 2014 publicado en *Organization Science*, en general hay dos maneras de devolver el favor.[11] La más obvia es que una persona, como la señora Anderson, ayude a otra, como hizo conmigo. Cuando me proporcionó apoyo, ánimos y directrices, permitió que me sintiera optimista sobre el colegio y me motivó a ayudar al resto, como hacía con los niños más pequeños. Devolvemos el favor cuando apoyamos a alguien porque lo animamos a ayudar a otra persona.

No obstante, según este estudio, cuando observamos a una persona que ayuda a otra, tendemos a recompensar a la primera. Por ejemplo, los profesores que veían cómo la señora Anderson me ayudaba con los deberes a la hora de la comida recompensaban a la señora Anderson por su comportamiento dirigiéndose a ella y ofreciéndose a impartir una de sus clases o corregir deberes de sus estudiantes. Cuanto más ayudemos a los demás,[12] mayor reputación tendremos como personas serviciales, lo que aumenta las posibilidades de que el resto nos ayude, convirtiéndolas también en personas serviciales.

Nuestros compañeros de equipo nos respaldarán si saben que tenemos en mente sus intereses. Cuando devolvemos el favor, nuestro comportamiento demuestra que somos dignos de confianza, lo que activa el principio de la reciprocidad. Además, según las investigaciones, cuanto más ayuda reciba una persona en el trabajo, más positivo será su comportamiento general. Cuando ayudamos a otras personas, disminuyen las probabilidades de que nuestro equipo presente un comportamiento negativo que pueda afectarnos, como el acoso, la discriminación o la exclusión.

Cuanta más ayuda recibamos, más ayuda ofreceremos, lo que aumenta la solidez de nuestras relaciones y el propósito extraído de nuestro trabajo. Cuando devolvemos el favor, demostramos que somos dignos de confianza, lo que fortalece nuestras relaciones. Y, cuanto más sólidas sean, más posibilidades hay de que nos sintamos conectados al entorno laboral, lo que aumenta el propósito derivado de nuestras tareas.

---

11. Baker, W. E. y Bulkley, N., «Paying It Forward versus Rewarding Reputation: Mechanisms of Generalized Reciprocity», *Organization Science*, vol. 25, n.º 5, pp. 1493-1510, abril de 2014, https://doi.org/10.1287/orsc.2014.0920

12. *Ibid.*

Por eso, necesitamos devolver el favor para potenciar dicha sensación de propósito. Dar a los demás es como darse a uno mismo.

Encontrar un sentido en el trabajo empieza reconociendo que somos parte de la comunidad. En un estudio de 2014[13] publicado en el *Journal of Theoretical Social Psychology*, se descubrió que, para que los empleados devuelvan el favor, necesitan considerarse miembros de su comunidad en el trabajo, no individuos. La calidad de las relaciones en el entorno laboral juega un papel significativo en el propósito que extraemos de nuestro trabajo.

Cuando aprendemos a leer entre líneas, también aprendemos a devolver el favor en lo relacionado con los cuatro procesos informales más importantes: desarrollar redes, compartir información, acceder a oportunidades de desarrollo y gestionar nuestro progreso. Saber cómo gestionar esos cuatro sistemas informales influye en nuestros logros laborales, pero también en la contribución que podemos hacer al devolver el favor.

Leer entre líneas es advertir que somos nuestro entorno laboral. Nuestras acciones contribuyen o no en la creación de la comunidad. O conseguimos un propósito al devolver un favor y aportamos algo a nuestra comunidad o no lo hacemos. De nosotros depende hacer un trabajo significativo según la manera de abordarlo. Cuando devolvemos el favor en nuestra forma de crear contactos, compartir datos, desarrollarnos y avanzar, estamos dedicando esfuerzos a nuestra comunidad que, a cambio, nos los dedica a nosotros.

Encuentra un camino con corazón

Durante mi último día de primaria, como era habitual, mi padre me dejó con el Kabal y la señora Anderson me observó mientras daba un largo paseo por el patio. Más tarde esa mañana, me pidió que fuera a su despacho.

«Pasa y siéntate. Me estoy reuniendo con algunos estudiantes para despedirme», dijo.

---

13. Eriksson, T. y Ferreira, C., «Who Pays It Forward the Most?», *op. cit.*

Sentí que el calor me inundaba la espalda y empapaba el uniforme del colegio. Cualquier encuentro con la señora Anderson me ponía nerviosa. Aunque habíamos pasado mucho tiempo juntas, seguía siendo mi directora. Tragué saliva, pero notaba la boca seca. Intenté pensar en qué decir.

«Señora Anderson –dije con voz temblorosa– ¿le importaría firmarme el anuario?». Asintió y tendió la mano hacia el libro. «Claro. Además, tengo algo para ti», comentó.

En lugar de firmar con su nombre, la señora Anderson buscó una página en blanco y comenzó a escribir. Me quedé ahí sentada durante unos largos cinco minutos, preguntándome qué estaría pensando mientras garabateaba en el libro. Luego, se detuvo, levantó la cabeza con unos penetrantes ojos azules y sonrió. Cerró el libro y me lo devolvió antes de decir: «Te deseo lo mejor, King. Y recuerda mantener siempre la cabeza alta».

Cuando llegué a casa ese día, abrí el libro para ver qué había escrito la señora Anderson.

VIENTOS DEL DESTINO *(WINDS OF FATE)*[14]
Un poema de Ella Wheeler Wilcox

Un barco zarpa hacia el este; otro, hacia el oeste,
   gracias al mismo viento que sopla para ambos.
Las que deciden su dirección
   son las velas y su orientación,
   no el vendaval.
El destino y el viento marino se parecen en esta cuestión:
   mientras avanzamos por la vida,
   es el alma y su orientación
   las que deciden nuestra culminación,
   no la calma o la dificultad conocida.

---

14. Wilcox, E. W., «The Winds of Fate», *Public Domain Poetry*, consultado el 19 de septiembre de 2022, www.public-domain-poetry.com/ella-wheeler-wilcox/winds-of-fate-32784

El mensaje del poema que me regaló la señora Anderson hace muchos años se aplica a las trayectorias profesionales actuales. A medida que nuestros entornos laborales cambian, podemos trazar nuestro camino al elegir (con nuestras velas y su orientación) lo que le aporta significado al trabajo. Hoy en día, nos preocupa menos[15] encontrar nuestro sitio en las altas esferas de la jerarquía corporativa y más elegir nuestro camino hacia un propósito mayor en el entorno laboral y, por extensión, en la vida.

En 1984, el académico Herb Shepard, especializado en el desarrollo organizacional,[16] describió el futuro de las carreras como «un camino con corazón». Las carreras proteicas sin fronteras ofrecen libertad a todas las personas para que tracen su propio camino y decidan cómo desean recorrerlo. Nuestro éxito y satisfacción[17] derivan de nuestra conducta. Podemos elegir la orientación de nuestras velas al devolver el favor y servir a la comunidad en el trabajo.

Cuando tenemos dificultades para encontrar un «camino con corazón», no entendemos cómo han cambiado nuestros valores, necesidades, relaciones y entornos laborales. Hoy en día, nuestro contrato formal como empleados (que estipula dónde y cuándo trabajar) es menos importante que el acuerdo al que lleguemos sobre cómo queremos gestionar nuestra carrera y encontrar plenitud en nuestro trabajo. Nuestra capacidad para aportar significado al trabajo aumenta nuestra habilidad para encontrar un propósito al resto de nuestra vida.

Con independencia de dónde y con quién trabajemos, podemos orientar nuestras velas y contribuir más allá de las tareas al gestionar nuestra manera de conducirlas.

---

15. Mirvis, P. H. y Hall, D. T., «Psychological Success and the Boundaryless Career», *Journal of Organizational Behavior*, vol. 15, n.º 4, pp. 365-380, julio de 1994, https://doi.org/10.1002/job.4030150406

16. Shepard, H., «A Path with a Heart: The Cultural Context of Learning About Careers», *Scribd*, consultado el 28 de septiembre de 2022, www.scribd.com/document/134126758/Shepard-1984-Chosing-a-Path-With-Heart

17. Gaile, A. *et al.*, «Examining Subjective Career Success of Knowledge Workers», *op. cit.*

Belong Here: únete a nuestra comunidad profesional

Si te interesa aprender más, puedes unirte a nuestra comunidad global, *Belong Here*, a través de la página web www.belonghere.com.

Es gratuita y, al hacerlo, conectarás con personas con una mentalidad similar que respaldarán tu desarrollo, progreso y satisfacción en el trabajo. También podrás acceder a herramientas gratuitas de evaluación y desarrollo, recursos, pódcasts y un boletín oficial, lo que te ayudará a encontrar un propósito.

AGRADECIMIENTOS

Si estás leyendo los agradecimientos, lo más probable es que hayas comprado un ejemplar de este libro. Me encantaría darte las gracias (a ti como lector) por el tiempo, el dinero y la energía que le has dedicado a mi obra. Espero que te haya resultado útil. Me encantaría saber más de ti, así que puedes escribirme con tus comentarios, pensamientos y experiencias a través de mi página web o mis redes sociales. Al fin y al cabo, somos una comunidad.

Si has pensado lo suficiente en este libro como para comprarlo, entonces es justo que sepas que se creó en colaboración con personas increíbles. En primer lugar, Leila Campoli, mi agente desde hace cinco años; gracias por tus directrices, ayuda y consejos. En segundo lugar, Michele Matrisciani; eres la mejor. Gracias por tu *feedback* continuo, edición y orientación. Este libro no existiría sin ti. En tercer lugar, mis editoras de HarperCollins, Hollis Heimbouch y Rachel Kambury; gracias por apoyarme, animarme y mostraros tan entusiastas. Estoy muy agradecida por haber podido trabajar en esta obra con las dos. Por último, me gustaría dar las gracias a Carmel Clarkin por su apoyo en las investigaciones y a Carol Rosenberg por ayudarme con el formato.

Crear un libro de no ficción con una base científica es un proceso largo y lento, igual que entrenar para un maratón. Para sobrevivir a dicho proceso y disfrutarlo, se necesita una comunidad. Por eso, me gustaría dar las gracias a la mía. Gracias por el amor y el apoyo a toda mi familia y amigos, así como a las personas con las que he trabajado. Habéis hecho que mi esfuerzo merezca la pena. Por último, a mi socia de negocios, Selina Suresh. ¡Lo hemos conseguido! Gracias por creer en mí lo suficiente como para intentarlo y por haber cumplido tu parte del trato en el intercambio de confianza.

Este libro es mi aportación y estoy encantada de haber sido lo bastante valiente como para creer que los entornos laborales podían funcionar de otra manera. Espero que, como lector, te hayas encontrado en este libro y te atrevas a buscar «un camino con corazón» y a decidir por tu cuenta cuál quieres que sea tu contribución.

ÍNDICE ANALÍTICO

ÍNDICE